AMINOGE Nº114

Cover PHOTO
KUNIYOSHI TAIKOU

VOL.113

フライングタイガーとは何か？

プチ鹿島

プチ鹿島（ぷち・かしま）1970年5月23日生まれ。芸人。TBSラジオ『東京ポッド許可局』（土曜日26:00-27:00）出演中。

あれから40年。時の流れの速さにびっくりする。初代タイガーマスクのデビュー戦である。１９８１年（昭和56年）４月23日からそんなに時間が経ったのか。つまり私は「初代タイガーの試合はいま観ても新しいよね」って30年くらい前から言い続けていることになる。おじさんの新しいは確実に古い。気をつけよう。

あのとき私は地方に住む10歳だった。当時のタイガーマスクをめぐるメディア状況として鮮烈に憶えているのは写真週刊誌だ。家族で東京に遊びに来たときだったか、山手線に乗っていた。すると中吊り広告に「タイガーマスクの素顔の写真を買います！」という見出しが目に飛び込んできた。「１００万円を進呈」みたいなコピーもついていたと思う。ギョッとした。そんなことしていいの？　でも見たい……。

プロレスファンの少年は車内でひとり驚き、戸惑い、興味津々だったのである。こんな週刊誌があるのか。見てはいけないものを見せてくれるのか。雑誌の名前を見ると『フォーカス』（ＦＯＣＵＳ）と書いてあった。どうやら新しくできた週刊誌で、きわどいスクープ写真が売りのようだ。本屋で立ち読みをしたら、見かけは薄いが政治芸能スポーツ社会のあらゆる猥雑が厚く詰まっていた。ずっとのぞき見していたい気分。ＳＮＳはなかったが十分に露悪的で刺激的な写真週刊誌ブームが始まったのである。初代タイガーマスクと『フォーカス』は同じ年にデビューして旋風を起こしたことになる。

私が思い出せる初代タイガーとメディア状況はこれぐらいだが、先日とてもおもしろい新聞記事を読んだ。デイリースポーツで連載されている『高木圭介のプロレスのつぼ』（４月26日）である。高木さんは元東スポ記者で、私がプロレスを題材にした本を出すときに何度も取材させてもらいお世話になった。その知識と経験談はまさに生き字引のひとりだ。

この日の高木コラムは『「タイガーマスク二世」を〝葬った〟「初代」と矢吹丈』であった。初代タイガーデビュー40年を記念して、当時のメディア状況が克明に掘り起こされていたのである。

それによると、まず佐山タイガーのデビュー戦の3日前にテレビ朝日でアニメ『タイガーマスク二世』の放送がスタートしていた。そもそも初代タイガーが新日本プロレスのリングに登場したのは同じテレビ朝日の番組としての〝タイアップ〟のようなものだった。ところが佐山サトルが天才すぎていつしかアニメを食ってしまったのである。ここまではよく知られたエピソードだが、高木氏はアニメ版の視聴率が伸び悩んだほかの原因も書いている。それは裏番組だった。

『タイガーマスク二世』は月曜夜7時から放送していたが、裏の日本テレビではなんと同時間帯に『あしたのジョー2』が放送されていたのだ。どちらも梶原一騎原作！

現在なら考えられないバッティングだ。おおらかというか大まかというか昭和って凄い。「タイガー」は「矢吹丈」相手に視聴率で苦戦して終了した。プロレス中継は大人気となったが、本命であったアニメはそれほどの人気は得られなかったという。このあたりの事実は知らなかった。

というのも私が住んでいた長野県には長いあいだ民放が2局しかなく、ようやく前年の1980年からテレビ朝日と日本テレビを合体させたクロスネットの「テレビ信州」が開局したばかりだった。

テレビ信州は月曜夜7時にはテレ朝ではなく日テレの『あしたのジョー2』を選んでいた。だから『タイガーマスク二世』は観られなかった。ただラッキーだったのは『ワールドプロレスリング』は放送されていたので佐山タイガーはデビューから観ることができた。もしプロレスがネットされていなかったらどんな人生になっていたのだろう。かなりザワザワする。

さて「情報の摂取」でいうと田舎の子どもは確かに遅れていたが、いまから考えると40年前の世の中自体がのんびりしていたことがわかる。高木氏の記事にはそのへんの事情も書かれていた。初代タイガーのデビューは4月23日（木）だったが、テレビ放送されたのはそこから8日後だったのである。

本来ならデビュー翌日の24日（金）に放送されるはずだが、その日はプロ野球「広島×巨人」放送のためプロレス中継は中止だったという。つまりあの衝撃のデビュー戦を蔵前国技館で観た人は、そのあと8日間も自分たちが観たとんでもないものを世間に説明したくてもできなかったのである。佐山サトルの予測不能の動きを口だけで説明することはあの時点では絶対に不可能だろう。言わば宇宙人を見てしまった人になったのである。

現在なら試合直後から情報は各媒体で拡散されるだろうが、8日間もタイムラグがあったとはしみじみしてしまう。いや待てよ、あれから40年経っても昨日のように語られるのはタイムラグどころではない。

そういえば佐山タイガーが改名し、新しく用意されていたリングネーム候補は「フライングタイガー」「スペースタイガー」という説があったっけ。

あ、やっぱり佐山さんの才能は時空を超えていたのです。

［お笑い芸人］

岡野陽一

収録日：2021年5月12日
撮影：タイコウクニヨシ
聞き手：大井洋一
構成：井上崇宏

「日本人はみなさんがんばりすぎですよ。
べつにがんばらなくても死ぬわけじゃ
ないんですから。借金を苦に自殺とかも
ありますけど、実際に借金に殺されることは
ないってことを理解してほしい。
とにかく簡単に悩まなきゃいいんです
っていうことなんですよ」

意中の男が本誌登場！
「社会からはみ出してしまったおじさん」ネタが人にやさしすぎる!!

ICKE
OUS

人力舎といえば、東京03、おぎやはぎ、アンタッチャブル、アンジャッシュ……。

ネタに定評がある芸人が所属する、選ばれし者の芸能事務所という印象があるんですが、そんな中で「借金芸人」というカテゴリーで、異彩というより異臭を放っているのが岡野さんです。

1200万円以上の借金！

返すあて、特になし！

それでも笑ってる岡野さん。

この人、いったいどういうメンタルしてんのよ！（大井）

「いくらがんばっても負ける日はあるし、っていうのを繰り返してやっていくんですよ」

——岡野さんは26歳から芸人を始められたんですよね。いったい26歳のときに何があったんですか？

岡野　いや、ボクは中学生くらいのときから芸人になろうとは決めていて、高校3年のときに友人に年賀状で「吉本に行こうぜ！」って書いて送ったんですよ。そうしたらそいつはもう就職が決まっていて。ひとりで吉本に行くのは嫌だったし、ボクも流されやすい性格なので、そのままみんなと同じように大学に行ったんですよ。

——じゃあ、大人になってから突発的に芸人を志したわけではないと。

岡野　そうなんです。それで京都産業大学ってとこに行くんですけど、（笑福亭）鶴瓶さんも出た大学だっていうのは知っていたんですね。それでボクは大学のランクとかまったくわからなかったので、とにかく京都産業大学の7、8つの学科を全部受けたんですよ。

——それは鶴瓶さんと同じところに行きたいと思ったんですか？

岡野　べつに憧れはないんですけど（笑）。

——憧れはない（笑）。

岡野　「ここの大学を出て、芸人になる人がいるんだ」っていうので、それならいいなと思って。そうしたら経営と経済、外国語とか3つくらい受かったんですよ。それでいちばん女のコがいそうな外国語学部に入ったんですけど、ボクは本当に英語とかわかんないので1日目でもう嫌になっちゃって（笑）。そのタイミングでパチンコにハマっちゃって、そこからはもう24までずっとパチンコをやりまして。

——いちおう大学は卒業はされたんですか？

岡野　いえいえ、4年間で0単位でやめました。

——4年かけて0単位！（笑）。

岡野　ボクは早々におかんにも「やめる」って言ったんですけど、「一度行ったんだから出なさい」って言われて。嫌だって言うのにやめさせてくれないから、そりゃ4年間パチンコに行くって話ですよね。

――忙しいですもんね（笑）。だいぶ真面目にパチンコをやっていたとうかがっているんですけど。

岡野　あっ、ありがとうございます。だから消費者金融にバーッと行って、1社で20～30万借りられるんですよ。それで3社目、4社目と行って、まだまだ借りられると思って余裕だったんですけど、5社目くらいのおじさんがめちゃめちゃいい人で「にいちゃん。貸してもええけど、これ以上借りたら首吊らなあかんで」って言われてめちゃめちゃ怖くなって。その帰りにパチンコ攻略の本をめっちゃ買って、次の日から真剣にパチンコを打ったら借金を返せましたね（笑）。

――ボクはあまりパチンコとかをやらないのでわからないんですけど、そういうギャンブルでも、データを集めていったり勉強していくと勝てるようになるものなんですか？

岡野　じつはですね、これがギャンブルじゃないんですよ（笑）。

――パチンコはギャンブルじゃない？

岡野　世の中と同じで、仕組みを知っている人にとっては絶対に勝てる方法があるんですよ。それはまったく違法とかじゃなく。ただ、やっぱり大変でめんどくさいんです。毎回閉店の前に行って「この台は何回転で終わったか」とかを全部メモった上で、次の日の朝イチに誰よりも早く行って狙っている台を取るっていう。それを繰り返すんで。

――そう聞いて、そこまでめんどくさくねえだろって思ってしまうんですけど（笑）。

岡野　いや、めんどくさいですよ。

――でも、それをやっていたら勝てるんですよね？

岡野　いや、ギャンブルってその日かならず勝てるとは限らないんですね。年間でトータルすれば勝てるんですけど。

――それは確率の話ってことですか？

岡野　そうです。「いくらがんばっても負ける日はあるし」っていうのを繰り返してやっていくんですよ。でも、それがいまは芸人の仕事にもちゃんと活きてますから。どうしようもない日とかクソすべりの日とかも「まあまあ、こういう日は絶対にありますからね」って。だから全然つらくない。

――マインドの問題ですね。トータルで見たら俺は勝つんだと（笑）。

岡野　年間で勝てばいいんだと。それで年間で勝てなくても、べつに10年単位で見ることもできますし。

――グラフを横に伸ばすだけだと（笑）。当時、学生ローンでいくらくらいまで借りたんですか？

岡野　150万くらいだと思います。1社で20～30万で、いいお店だと40万貸してくれるとかあったんですけど、その利息だけを返すのはたいしたことなかったというか、月に3万くらいだった気がするんですよね。だからパチンコでちょっと勝ったときに多めに返して、また10万借りられる枠ができるっていうのを繰り返して。

「とにかく売れちゃうのが嫌でした。売れたら遊べなくなって、パチンコができなくなるなって」

――ボクも学生ローンは利用していましたけど、やっぱり「貯金」っていう感覚ですか？

岡野　そりゃそうですよ（笑）。行ったら貸してくれるんで。

――だから借りられる枠のことは貯金だと思いますよね。

岡野　もちろんです。いまだにそう思っていますよ。借りた時点で完全に自分のお金だっていう理論で、でもそれは間違ってはいないはずなんですよ。でも学生ローンの150万は完済しましたからね。スロットがめちゃめちゃいい時代で、誰でも勝てる時代と言ったらあれですけど、伝説の4号機というね。もちろん簡単ではないですけど、年収は500～600万ですかね？　当時はこういう人生がいつまでも永遠に続くと思っていましたね。「これも悪くねえな」と。

――じゃあ、借金を完済してからはプラス期もあったんですね。

岡野　でも短くて1年くらいですよ。その頃は京都でひとり暮らしだったんですけど、お金があり余っているので、家に帰ったらパチンコの景品をタンスに入れて貯金するっていう習慣があって（笑）。でも勝ち始めたらあまり楽しくなくなってきたんですよ。なんて言うんですかね、ボクはRPGが好きでやるんですけど、最後のボスの前で絶対にやめちゃうんですよ。ボスを倒せる装備を手に入れて「絶対に勝てる」となったらもうそのゲームが楽しくなくなっちゃうんです。それと同じような感じなのかもしれないですけど。

――常にヒリヒリしたいんですね（笑）。

岡野　そうです。だからパチンコも勝つとだんだん仕事みたいになってきて、「これは嫌だな」っていう時期に、福井県の友人から「バイトしねえか？」みたいな話が来て。そのときはまわりのみんなはもう大学を卒業して仕事をしているんで、ずっとひとりでパチンコ屋に行っていただけなんですよ。それでそのタイミングで地元の福井に帰って、これは書けるかどうかわからないですけど、○○みたいなところで作業員っていう。あー、これは仕事の内容的にちょっと載せないほうがいいかもしれないですけどね。

（※ここから○○みたいなところでの強烈な仕事内容が語られたが、割愛します）

岡野　しかもひとりだし、携帯とかも持ち込み禁止だったの

で、朝の9時から夕方5時まで考えることも特になく、めちゃくちゃ暇でしたけどね。

——そこで働きながら、あるときに芸人を目指そうと思うわけですよね？

岡野　そうですね。だからその暇が培ったというか、「このままはヤバいな」と思って。給料は悪くなくて、たしか日給1万8000円とかあったんで、何もしないわりにはちょっと高めですよね。それで仕事が終わったあとにパチンコ屋に行くとかを繰り返していたんですけど、それでも暇だなと思って「そうだ、そろそろ芸人やるか」みたいな。

——ついに重い腰を上げて。

岡野　みんなそうだと思うんですけど、芸人をやったら売れると思っているじゃないですか？　だから「売れたら遊べなくなるな、パチンコができなくなるな」っていうのがあって。

——やったら売れちゃうことが怖かった（笑）。

岡野　とにかく売れちゃうのが嫌だったから、それまでの猶予期間じゃないですけど、「まあ、いまは遊んでもいいか」っていう気持ちでしたね。それで、そろそろっていうので家に帰ってパソコンで調べたら、募集が吉本とかは全部終わっちゃっていて人力舎しかやっていなかったんですよ。それで「じゃあ、そこに行ってみよう」っていうことで人力舎にして。

——多少、事務所の色ってあるじゃないですか。人力舎なら、おぎやはぎさんとか東京03さんがいて、コントや会話でいくようなネタが好きな人が人力舎に行くっていう。ザ・マミィとかもそれで人力舎に入ったわけですけど。

岡野　ボクはもうパチンコしかやっていなかったんで、事務所の色とかがわかんなかったんですよ。それこそ人力舎のパチンコ台があったのは憶えていますけど（笑）。

——相方はどうしたんですか？

岡野　養成所での最初の飲み会の席にいた人と組んだだけです。だから最初はお笑いのことが何もわからないんで大変でしたね。まわりはお笑いが好きで入ってるんで、それこそライブで会う人なんかにも「おはようございます！」って挨拶しているんですけど、ボクは本当に誰が誰だかわからなくて。「えっ？　磁石さん？」みたいな。いまはやっといろんな方のお名前とかを覚えましたけど（笑）。

——最初の「巨匠」としてコンビを組んでいた期間はどれくらいだったんですか？

岡野　養成所に入って最初の飲み会で会った人（本田和之）と組んで、ええっと、そこから何年に解散……。あまり憶えていないですね（※2008年に結成して2016年1月に解散）。

——巨匠を解散後にピンになるんですよね。

岡野　ピンになるっていっても、しばらくは何もやっていなかったですからね。解散してピンでやろうなんて考えられなかったというか、絶対にキツイと思ったんで、そこから1年くらいは何もやっていなかったですね。だから「誰か相方いないかな」って。

――いちおうピンネタは作っていたんですか？

岡野　だから作ってなかったです。いや、『R－1グランプリ』ができたので「これに出ないのはさすがにないな」と思って。

――それは誰に対してなんですか（笑）。

岡野　なんか「出ないってねえ。なんか逃げてるみたいじゃん」っていう。誰に対してなのかはわからないですけど（笑）。

――いちおう芸人を名乗っている以上は。

岡野　そうです。「これは出ないとな」っていうので、あきらめてネタを作り始めて。

「みんなパチンコをやればいいのにってずっと思っている。世の中に怒る人を減らしたいっていう思いもあるのかも」

――それで鶏肉を飛ばすネタとかを作ったんですね。

岡野　あれを最初に作ったわけじゃないですよ（笑）。しかし、あれだけライブをやってきたのにピンは嫌でしたねえ。自分がスベってるみたいじゃないですか。

――スベったときは自分がスベってるんですよ（笑）。

岡野　コンビとかなら相方も含めてスベってるみたいなのでいいんですけど、直スベリはきつかったですねえ。

――いまは芸人として売れたいっていう気持ちはあるんですか？　あるいはネタを評価されたいとか。

岡野　えっ？　あー、これはむずか……いや、ありますよ、それはありますよ。あるんですけど、ここ2年くらいはたしかにネタを作っていないですね。ネタは3本やっていて、パチンコを子どもに教えるネタと、餃子を食べるネタと、鶏肉を飛ばすネタで（笑）。

――じゃあ、ボクは岡野さんのネタをほぼ全部見ていると思ってもいいんですね（笑）。

岡野　全部見てますよ。もうないですから（笑）。いや、ネタはどんどんやりたいんですよ。

――ライブにも出たいですか？

岡野　ライブはそんなに出たくないですね。

――それこそ人力舎なら、東京03さんをはじめとして、ライブで飯が食べられる道筋をみなさん作っていらっしゃるじゃないですか。

岡野　それを見て「俺には無理だな」と思っているというか。ボクはいままでコンビで単独ライブを2回やって、2回ともちゃんとスベって失敗したんですね。あれがもう嫌で。単独だからボクらのホームなのに、そこであんなにスベるんだっていうのもあるし、あとはあれだけゲボを吐くくらいの準備期間というのもキツくて。「これだけ苦労してるのにスベるっていうのは繰り返せないな」って。

――でも、ギャンブルも「これだけやっても負けんのかよ」ってなることありませんか？

岡野　もちろんあります。努力はかならずしも実らないっていうのは理解しているつもりです。ただネタについては、これをずっと繰り返すのは嫌だっていうか、べつにネタじゃなくてもいいんじゃないかと。それでボクはパチンコで学んだ素晴らしい教訓の数々を子どもたちにも伝えていきたいなっていうのがあるんで。

――パチンコで学んだいちばん大事なことってなんですか？

岡野　いっぱいあるんですけど、めちゃめちゃ手前のシンプルなやつだと「諦めない心」とか。あとボクがいちばんに思うことは、スロットとかも凄く出る台ってあるんですよ。設定が1から6までありまして、設定6のスロットっていうのは凄く出るんですね。逆に設定1のスロットは負けるようにできているので、設定6がどこにあるのかを探すっていうゲームなんですよ。ただし、設定6に座っても絶対に出ない時間がある。しかも朝イチはかならずマイナス1000円から始まるじゃないですか。

――すべては1000円を突っ込んでからですからね。

岡野　そうです。それでこう（右肩上がり）行きたくても、どこかでこうなる（右肩下がり）ときがあるんですね。これが「ハマり」って言うんですけど、ハマりはどの台にもやってくるんです。これを理解することによって人生が凄くラクになるんですよ。「ああ、ハマりの時期なんだな」っていう。

――どうしたってダメなときはあるけど、それが当たり前だよって。

岡野　そうなんです。そういうのを理解しないヤツが「なんで私ばっかり！」って言うんですよ。だからボクは「みんなパチンコをやったらそんなことは思わないですよ。パチンコをやればいいのに」ってずっと思っているんです。世の中に怒る人を減らしたいっていう思いもあるのかもしれないですね。やっぱり怒っちゃダメだと思うんですよ。

——岡野さんは普段怒ったりしないんですか？

岡野　ボクはパチンコをやってからは怒らないです。

——よく台を叩く人とかもいるじゃないですか。

岡野　ボクも最初の頃は怒っていましたよ。「なんで俺ばっかり出なくて、この人が出るんだよ！」とか「俺がどいたらすぐに出て、なんなんだコイツ！」とか思っていましたけど、毎日行ってたので、毎日行くには怒ってちゃ精神がもたないんですよ。だからだんだんと怒らなくなってきて、普通に「はいはい」みたいな。だから3万負けても「3万負けた！　すげームカつく！」じゃなくて「3万しか負けなかった。本当にうれしい！」っていう発想に変わってくるというか、だから凄く幸せなんですよね。

——もう禅みたいなものですね。

岡野　宗教ってよくわかんないですけど、たぶんそういうものじゃないのかなって。格闘技のことも正直よくわかんないですけど、「もとの出」ってあるじゃないですか？　空手出身の人とか、カポエイラの人だとか。その流派がボクはパチンコってことですね。それはずっと変わらないというか。

——パチンコがわりと広めに「人生とはなんなのか？」ということを教えてくれているってことですね。

岡野　そうですね。あとはパチンコ業界に対して恥ずかしいことだけはやらないでおこうみたいな。

——ルーツを汚すのはダメだと（笑）。

岡野　空手出身の人だって絶対にそうじゃないですか。それと一緒で、こっちだってパチンコを背負って生きてますよ、そりゃ（笑）。とにかくパチンコの何がいいって、あれは本当に無駄だと思うんですよ。よくパチンコをやらない人が言うじゃないですか、「時間の無駄だ」って。「あっ、そうですよ」って。その時間の無駄をいかに楽しめるかっていう素晴らしさをボクは味わったんですね。だからネタでもやっているんですけど、パチンコって「引いてハズレ、戻す、当たり、ヤッター」だけのものをあんなにおもしろく演出をつけてくださってね、魚が走る台もあれば、犬の台もある。それがやっぱり素晴らしいなと思うんですよね。

「未来のためにお金をちょっと借りているだけ。もちろん返すつもりもある。当たり前ですよ」

——ただそれだけのことをいかに楽しませるかっていうクリエイティブが詰まっていると。

岡野　それって芸能と一緒じゃないですか。べつに芸能なんかたぶんいらないんですから。だから我々はパチンコメーカーさんと同じなんですよ。「何もないものをいかに楽しませるか」っていうことだと思うんですね。

――高杉晋作ですね。「おもしろきこともなき世をおもしろく」っていう（笑）。

岡野　あの人は絶対にパチンコをやっていましたね。じゃないと、そんな言葉は出ないですよ。

――でも長い目で見ると逆に勝てないときっていうのが来るわけで、その勝てないときに借金をするわけですよね。

岡野　でも、よく借金って言われますけど、「俺がズレてるのかな？」って思うことがあるんですよ。「借金ばっかしてクズだ」とか言われて「えっ？　俺は絶対に返すよ」と思っているので、そこに悪気がないんですね。

――たとえばボクにカネを借りていたとして、次に会うときに「ちょっと会いづれえな……」っていうのはないんですか？

岡野　会いたいんですよ。逆ですよ（笑）。そんなの会って挨拶したいですよ。

――「おまえさ、まだカネ返してねえじゃねえかよ」って言われるじゃないですか。

岡野　「あら？　不満があったら聞きますよ」と言いますね。だってかならず返しますから。借金系は逃げるのが絶対にダメですから。

――でも、いまでこそ「岡野＝借金」っていうキャラクターになっていますけど、それ以前は「アイツ、ただただ返さねえな」っていう人ですよね？

岡野　まあ、そうですけど、ただただ返さないっていうのはなかったですよ。債権者様とは合意していますから。

──「お金があるときには返します」と。

岡野　そうです。しかも債権者様が怒っているとかはないんで。昔はたしかにありました。「ちょっと待って」みたいなのでご迷惑をかけたこともあったんですけど、徐々に改良していってトラブルが起きない借り方を編み出していったんで。

──ボクは大昔、◯◯◯で10万を借りたことがあって。

岡野　ああ、◯◯◯はヤバいところですよ。

──まず10万を借りるっていう、そこが入り口みたいなものじゃないですか。それで朝9時からガンガン電話がかかってくるじゃないですか。

岡野　はいはい。返済日が過ぎるとね。

──そう。あれで参っちゃって、本当に借金したくないなって思いながらもまた借金する羽目になったことがあるんですけど、そういう経験はないんですか？

岡野　ありますよ。昔はボクも消費者金融とかで「すみません。ちょっと待ってください……」「いや、返すって言ったでしょ！」みたいなことはいくらでもありました。

──誰かに肩代わりしてもらったとかはないですか？

岡野　あります、あります。それこそボクの親なんかはもうスネがないですし。スネがヘコんでると思いますよ。もちろん迷惑はかけています。お父さん以外の家族からお金を盗んだこともありましたし、まあ、家族だったらちょっとセーフみたいなところがあるんでね。いや、盗んだっていう言い方はあれですね、ちょっと置いてあったものを何も言わずに借りたことはありましたよ。そういう最低のカネ借り時期ももちろんあります。

──それを経ていまは？

岡野　いまはもう、いいカネ借りになりました。やっぱり「いい借金」っていうのもあると思うんですよね。

──ありますか？「カネの切れ目は縁の切れ目」っていう言葉もありますけど。

岡野　アハハハハ、古いですよ。いま令和ですよ？（笑）。令和の時代もうまくカネを借りていったらいいと思うんですよ。じゃあ、めちゃめちゃ才能がある若者がいたとして、その人があと5年後に1億を稼ぐとしても、その5年間はめちゃめちゃバイトをしなきゃいけないわけじゃないですか。あっ、でもこれはボクには当てはまらないな……。

──いま岡野さんが1億稼ぐっていう前提でしゃべってますよ（笑）。

岡野　ですよね。でも要するに未来のためにお金をちょっと借りているだけだし、もちろん返すつもりもある。当たり前じゃないですか、それは返せなかったら借りちゃダメですよ。

——じゃあ、「ちょっと待っててくださいね」っていう状態なんですね。

岡野 そうそう。その状態がちょっと人よりも長いだけで。

——「私、これから売れますから。ちょっと待っててください」と。

岡野 「安心してください、そこは」っていう。最悪べつに売れるじゃなくてもどうにかしますよ、そりゃ。

「火事だって火で焼けてというよりも、煙を吸って亡くなるパターンのほうが多い。カネに殺された人っていうのはいないんです」

——どうにかなるんですか？

岡野 前に三重県にいる大口の債権者の友人に108万を借りていて、「結婚するから返してくれ」ってなったときは1週間以内にちゃんと用意しましたよ。三鷹の大口の友人から130万を借り換えて、ちゃんと返しました。

——108万を130万借りて返すって、ちょっと抜いてるんですか（笑）。

岡野 22万のあがりがありましたけどね（笑）。とにかく債権者様にご迷惑がかからないようにと心がけているので、いちばん怖いのは自分が死ぬことですよね。

——あっ、返せなくなっちゃうから。

岡野 死んだら返せなくなっちゃうので、いまはその対策を考えていますね。たぶん生命保険とかじゃないですよね。

——いや、たぶん生命保険でもいいと思うけど（笑）。

岡野 ボクなんかが生命保険に入れるんですかね？ 最近はそこだけずっと考えているんですよ。最低のカネ借りになるのだけは避けたいので。

——いまのモチベーションはそこですか？

岡野 でも、返すのは付属しているだけで、べつにそんな。

——本当はあまり考えていない？（笑）。

岡野 そんなに深く考えちゃダメですよ、借金なんて。

——いま、ご時世的に収入がなくなってお金を借りなきゃいけないとか、お金で悩んでいる人って多いと思うんですよ。

岡野 そうなんですよ。

——最初に借金するときにどうしても「ああ、お金を借りちゃった……」ってなるじゃないですか。

岡野 罪悪感というかね。

——そして返していっても元金が全然減らずに「なんだよ、これ……」っていう。

岡野 それで気分が落ちちゃう人は危険です。みなさん、大人になっちゃいましたよね。昔を思い出してくださいよ。隣の席の子に「消しゴムを貸して」って言ったときに罪悪感がありましたか？「ごめん、消しゴム貸して」って言ったときに向こうから「えっ、いつ返してくれるの？」って言われたことなんてないでしょ。みんなその頃のことを忘れているんですよ。

——消しゴム。

岡野　だって貸すほうもおかしいでしょ。「いつ返すの？」みたいに言う人がいるじゃないですか？　そんなのべつに「消しゴムを貸したときにあんたはそんなこと思っていなかったでしょ」って。「ホント、悲しい大人になってるよ」って思うんですけど。あと怖いのが、借金を苦に自殺とかもありますけど、それって借金で追い込まれているんじゃないんですよ。火事でもよくあるじゃないですか？　火で焼けて亡くなるよりも、煙を吸って亡くなるパターンのほうが多いみたいな。だから借金でっていうよりも、借金があるということによって殺されてしまうんですよね。実際にカネに殺された人っていうのはいないんですよ。

——たしかにお金を借りすぎて死ぬってことはないですからね。

岡野　そうでしょ？　窒息するわけないじゃないですか。だから「借金に殺されることはない」っていうのを理解してほしい。「借金に悩まされて、あなたが勝手に死んじゃうんですよ」って。だから簡単に悩まなきゃいいんですっていうことなんですよ。

——火からは煙が出ますけど、借金からは煙が出ませんと。

岡野　だからそこでね、ちょっと自分にやさしくしてください。「返さなきゃ」って思って、その借金のことばっかり考えている人がいらっしゃるじゃないですか。誠実で真面目ない人なんですけど、そうやって考えていて借金が減るならいくらでも考えたらいいですけど、考えても減らないじゃないですか？　だからうまいこと付き合っていけばいいんですよ。

——喘息みたいなものですね（笑）。

岡野　本当に「ウィズ・借金」ですよ。

——ウィズ・借金の時代（笑）。

岡野　それでうまいこと付き合っていってたら、だいたい返せますからね。

——「いまじゃない」ってだけで。

岡野　いまじゃないだけ（笑）。タイミングです。パチンコもタイミングが大事ですから、そんなに悩んでも仕方ないです。

——本当にパチンコや借金からいろいろと人生っていうものを教えられてきたわけですね。

岡野　本当によかったですよ、パチンコと借金をして。していなかったらボクは恐ろしい人間になっていたかもしれないです。

KK598953K
10000

「最期に『楽しかったな』で死んだら、それ以外のときは楽しくなくてもいいじゃないですか」

——岡野さん、いま彼女とかっていらっしゃるんですか?

岡野　あー。いまいるんですけど、それもややこしいんですよ。前にラジオでもぽろっと言っちゃったんですけど、彼女が去年の夏ぐらいにできて、そのコがタワーマンションに住んでいるんですね。だからボクはいまそのタワマンに入り浸っているわけですよ。借金があるのに。

——借金があるのにタワマンで暮らしていることが気まずいと?

岡野　タワマンで暮らしていると、いままでやっていたボケとかがわからなくなってきたんですよね。

——なるほど、4畳半のアパートに住んでこその岡野陽一だったものが。

岡野　普段は何も悩まないんですけど、それがいまは唯一キツイです。

——絶景を見ながら、「俺、これでいいのかな?」って。

岡野　なんかツイートすることとかちっちゃなことでも、それこそ前回の自粛では、ボクは阿佐ヶ谷の家賃5万1000円の部屋で自作のパチンコとかを作ってアップしていたんですけど、今回の自粛については……。

——背景が違うと(笑)。

岡野　タワマンで自作のパチンコを作るっていうボケはなんだろうとか、ちょっと難しくなってきて。あとは「すみません、人間の底辺でございます」とか言って出てきても「いやいや、タワマンに住んでるでしょ」みたいになるんですよ。でもね、タワマンに住んではいますけど、生活は変わっていないんですよ。そのコからカネを借りているわけでもないですし、ヒモではないですし。ただただ高いところに住んでいる身分が低いヤツっていうだけなんですけど、そこがやっぱり伝わらないんですよね。

——難しいですね。

岡野　だからロビーでコンシェルジュの前を通ってパチンコ屋とかに行ってるんですよ。凄いですよ?「いってらっしゃいませ」「おかえりなさいませ」って言われるんですよ。もう気まずくて。

——同志だと思っていた人たちからも「急になんだよ、おまえ」みたいになるでしょうしね。

岡野　なんかね、そこが悲しいですよね。「俺は変わっていないのになんでこんな」っていう。人間って意外とそういう高さだけで見てるんだなって。

——人を高さで見ないでほしい(笑)。でも当初こそ売れない芸人で、ギャンブルで身を崩しているっていう見え方でしたけど、最近はわりとテレビにも出ていて、ぶっちゃけ、芸人としてのギャランティだけで生活できるようにはなっていますよね？

岡野 たぶん生活はできますよ。でもボクはギリで食えないのが続いたんですね。あのね、大の大人がギリで食えないお金ってわかります？ 明確に言うと月12万です。12万くらいがいちばんキツイんですよ。

――12万だけど、まあまあ忙しい状況ってことですか？

岡野 いや、忙しくはないです。ボクが人力舎の大好きなところは、ちゃんと忙しくなくしてくれるんですよ。でも、この12万っていうのは本当に魔の数字で、たとえば月3万だったらバイトするしかないじゃないですか？ それで月30～40万あったらべつにバイトしなくていいですよね。月12万ってね、パチンコで1回勝てばギリでいけるんですよ（笑）。

――なるほど（笑）。でも、そこで一発勝たないといけないんですね。

岡野 そうなんです。そこがミソでボクはこの5年くらいずっとそうなんですよね。だから毎回それを0にして暮らしていて、借金が積み重なってるっていうのがあるんで。だから月12万もらうのがいちばんよくない気がしますね。だったら3万のほうがいい。絶対に働くんで。12万がクソ人間を生むんです。

――でも、もう12万ってことはないでしょう。

岡野 たしかに最近はもうちょっと増えましたけど、でも気づいたことがあって、ボクはいくらあっても一緒なんですよ。「もういらない」って本当に言ってますもん。

――「俺、もうお金はいらないよ」と（笑）。

岡野 それはどの仕事に行っても。この取材もいらないです、本当に。なんなら振り込まないでください。使っちゃうんで。

――やっぱり収入が増えると、ギャンブルで1回で賭けるカネが大きくなったりするってことですか？

岡野 そうです。だから去年、競馬で１００万が当たったんですよ。そうしたら次の週で１１０万負けるんですよ。もうわけがわからないじゃないですか。だから勝たなくていいんですよ。もうおかしいんですよね、ギャンブルをやっていても「勝たなくていい」と思っていて。

――10万賭けているときと１００万賭けてるときとではテンションは違うんですか？

岡野 たしかに違います。でも結局はなくなりますし、どうしたらいいんですかね？

――そこで「もうやめる」っていう選択肢はないんですよね？

岡野 やめるはないですよ。だって、やめたら負けじゃないですか。

――あっ、負けたままで終わってしまう。

岡野　まだボクは途中だから負けてないですもん。ずっとやり続けているかぎり勝敗はわからないし、っていうか結果なんて知らなくてもいいんですよ（笑）。結局、賭けた瞬間がいちばん楽しいことに最近気づいて、それも人生と同じじゃないですか。最期に「楽しかったな」で死んだら、それ以外のときは楽しくなくてもいいじゃないですか。だからパチンコも当たったときがいちばん楽しいんじゃなくて、激アツリーチのときがいちばん楽しいんですね。「どっちかな？」っていうのが。だからずっと激アツリーチがかかっていれば出玉もなくていいです。

――とにかく結果を出したいわけじゃないと（笑）。

岡野　結果なんてもういらないですよ（笑）。ずっとワクワクしていれば楽しいですよね。まあ、お金は返さなきゃいけないですけど。

「人からカネを借りたときに『頭を踏んでくれ』ってよく言うんですけど、本当に踏んでくるヤツがいるんです」

――「もう結果はいらない」って凄い境地にまでたどり着きましたね。

岡野　そういうのを考えたら、何もしないほうがいいんじゃないかなとも思ったりもしますけどね。難しいっスよね、努力とかね。でも日本人の方はみなさんがんばりすぎですよ。べつにがんばらなくても死ぬわけじゃないんですから。

――がんばらなくて殺されることはないよと（笑）。

岡野　そうなんです。がんばりすぎて殺される人はいるけど、がんばらなくて殺される人はいないですからね（笑）。

――それでですね、ボクは岡野さんにカネを貸したらツキが上がるんじゃないかと思っていて（と財布を取り出す）。

岡野　え――っ、いいんですか!?

――だから今日はカネ貸そうかなと思って来たんですよ。

岡野　えっ、ボクは初対面の人からは絶対に借りないって決めてるんですけど、大井さんとは前にも会いましたもんね？

――会いましたね。ただ、収録ですれ違ったくらいの会い方でしたけど（笑）。じゃあ、今日は5万貸しますよ。

岡野　えーっ!?　本当に？

――だけどずっと言いますよ。「早く返せ」って（笑）。

岡野　全然いいですよ！　べつにいま練習で殴ってもいいですよ。ボコボコにするやつでもいいです。えっ、本当にいいんですか？　大井さん、ボク、いまがいちばんカネがないんですよ。だって今日が10日で給料が入るのが15日なんですよ。今週の競馬ができないんですよ。

――じゃあこれ、はい。5万円。

岡野　えっ、大井さん、本当にいいの？　やった、やった！　嘘でしょ!?　いやー、めっちゃうれしいな！　こんなことってあるの？

――じつはもっと貸そうかなとも思ったんですけど、いまキャッシュレスであまり現金を持っていないことに気づいて。

岡野　お金を持っている方って意外とキャッシュレスなんですよ。まあでも、まずは信用ということで5万。すっげえ。だってボク、このあとガチで阿佐ヶ谷の友人のところにカネを借りに行こうとしていたんですよ。いやあ、今日はいままでの取材でいちばんうれしいですね（笑）。

――よそで「俺、岡野にカネを貸してるんだよ」っていう話をしてもいいんですね？

岡野　もちろん。当たり前じゃないですか。だって自分から「貸す」って言ってくれる人なんて初めてですから。これはめっちゃうれしい！　ホントにうれしいっスわ。

――あっ、そうだ。

岡野　えっ、なんですか？　ボクにできることならなんでもしますよ。犯罪とかですか？（笑）。

――違いますよ（笑）。このコーナーの最後で毎回、「冗談じゃない！」って思った話を聞いてるんですよ。

岡野　ああ、最近の喫煙所の少なさですよ。あれは冗談じゃないです。こないだお台場で5時間くらい空きがあったんで、タバコを吸える店を探そうと思ってずっと歩いたんですけど、結局5時間探してタバコが吸える喫茶店がなかったんですよ。この喫煙所問題は冗談じゃないです。だったらもうマジで喫煙を違法にしてくれと思ってます。違法にしてくれたらボクはやめるけど。

――「吸っていいのに吸う場所がないじゃないか」と。

岡野　タバコで税金もめちゃめちゃ納めているわけじゃないですか。なんか納得がいかないですねえ。えっ、もっと冗談じゃない話のほうがいいですか？

――やっぱカネを貸したらがんばってくれますね（笑）。

岡野　こんな話で債権者様を帰せないですから、ボクは（笑）。あっ、ボクは人からカネを借りたときによく「頭を踏んでくれ」とかって言うんですけど、本当に踏んでくるヤツがいるんですよね。

――えっ、マジで頭を踏んでくるんですか。

岡野　まあ、踏んでくれていいんですよ。でもたまにちゃんと踏んでくるヤツがいて、そういうヤツには本当に精神的苦痛を与えてやろうと思ってるんですよ。たとえばこっちはカネをいっぱい借りているくせに毎回寿司を買って行って、そいつの目を見ながら食って「コイツ、返さないんじゃないか……」っていう不安な気持ちにさせたりとか。あるいは友達

から高い時計を借りて、その時計をはめて会いに行くとか。

――「カネを借りてるくせに、いい生活してるじゃねえか……」と。

岡野　「やべえ、コイツ返す気ねえんじゃねえか……」と思わせておいて、だけど本当に返さないとボクが悪くなるので、ちゃんと返して、そんやヤツには二度と借りてあげない。冗談じゃないですから（笑）。でも大井さん！　本当にありがとうございます！　やったあ！

岡野陽一（おかの・よういち）
1981年11月29日生まれ、福井県敦賀市出身。
お笑い芸人。プロダクション人力舎所属。
中学生のときより芸人を志すが、京都産業大学外国語学部英米語学科に在籍中からパチンコにハマり、4年で取得単位0で大学を中退する。その後、アルバイトを経てプロダクション人力舎のお笑い養成学校「スクールJCA」17期生となり、そこで出会った本田和之と「巨匠」を結成して活動。2014年、2015年と2年連続で『キングオブコント』決勝に進出するも、2016年1月にコンビ解散。以降はピン芸人として活動する。「社会からはみ出してしまったおじさん」を演じるひとりコントネタが中心で、実際に私生活ではパチンコや競馬などのギャンブル好きや消費癖があり、多額の借金を抱えている。

大井洋一（おおい・よういち）
1977年8月4日生まれ、
東京都世田谷区出身。放送作家。
『はねるのトびら』『SMAP×SMAP』『リンカーン』『クイズ☆タレント名鑑』『やりすぎコージー』『笑っていいとも!』『水曜日のダウンタウン』などの構成に参加。作家を志望する前にプロキックボクサーとして活動していた経験を活かし、2012年5月13日、前田日明が主宰するアマチュア格闘技大会『THE OUTSIDER 第21戦』でMMAデビュー。2018年9月2日、『THE OUTSIDER 第52戦』ではTHE OUTSIDER55-60kg級王者となる。

第114回 FF外から失礼します

バッファロー吾郎A

バッファロー吾郎A/本名・木村明浩（きむら・あきひろ）1970年11月24日生まれ/お笑いコンビ『バッファロー吾郎』のツッコミ担当/2008年『キング・オブ・コント』優勝

東京都は3回目の緊急事態宣言。いくつか予定していた主催ライブなどがすべて延期になってムチャクチャ悔しいが、おとなしくするほかない。いまはネットでなんでも手に入る時代なので暇を潰す手段はいくらでもあるが、もしコレがスマホやパソコンのない時代に起こっていたらと想像するとゾっとする。ネットがあって助かった。

ネットといえば、ツイッターで『FF外から失礼します』という言葉をよく目にする。意味は『フォロー・フォロワー外から失礼します』の略語で「他所からいきなりすいません」というツイッター独自の挨拶らしい（コレを使ったからといって悪口を言っていいワケではない）。

私はこの言葉の響きが好きだが、コレを使ってアカの他人のツイートに話しかけたいとは思わない。なので今回はココで使いながらネットや実体験などから得たどうでもいい情報を紹介してみたい。

FF外から失礼します。美空ひばりさんに『おばさん、歌ウマいね』と言ったのは近藤真彦さんです。

紅白歌合戦のリハーサルでのひとコマ。見学していた近藤真彦さん曰く「天下のひばりさんがリハーサルなんてしないと思っていたので別人だと思った」からの発言らしいです。

FF外から失礼します。市原悦子さんが握ったおむすびはしょっぱすぎて食べられたモンじゃなかったそうです。

旦那さんのために握ったおむすびだったそうです。

FF外から失礼します。吉幾三さんは極度の高所恐怖症です。

どんな絶叫マシンよりも怖いとおそれられている岡山県鷲羽山ハイランドの『スカイサイクル』に乗るロケでご一緒したんですが、「見るのも嫌だ」と言ってずっとスカイサイクルに背を向けて壁を見つめていました。

FF外から失礼します。デーブ・スペクターさんが日本で初めて言ったダジャレは『住めば都はるみ』らしいです。

あと、デーブさんとダニエル・カールさんがアメリカで偶然出会ったときの会話はなぜか日本語だったそうです。

FF外から失礼します。関根勤さんが若手の頃、当時の新沼謙治さんのマネージャーさんはとんでもなく腕相撲が強かったそうです。

関根さんからお聞きしました。ありがとうございます。

FF外から失礼します。ドラえもんの『重力ペンキ』の回で最後のひとコマだけのび太のメガネのフレームがいつもより少し太いです。

FF外から失礼します。森公美子さんはエッチなことを考えると頭が痛くなるそうです。

FF外から失礼します。武藤敬司選手の娘さん、武藤愛莉さんは小学生の頃から考え方が大人でした。

初めてお会いしたときが8歳の頃。私への第一声は「貴方は人に誇れるモノがありますか?」でした。何も誇れるモノがない私はテンパって「声が大きいです」と言ったあとにもの凄く落ち込みました。

FF外から失礼します。淡谷のり子先生がものまね王座史上最低の6点をつけたのは清水アキラさんではなく、朝田昌貴さんの淡谷先生のモノマネに対してです。

ものまね王座決定戦といえば審査員の淡谷先生が清水アキラさんに対して厳しい点数をつけることで有名ですが、このときの朝田さんの対戦相手が清水さんだったので、それで勘違いされやすいようです。

FF外から失礼します。『欽ちゃんの仮装大賞』での不合格者第1号は竹中直人さんです。

演目は『松田優作のドラキュラ』だそうです。

FF外から失礼します。吉田栄作さんは若い頃ドンペリのことをやらしい行為と勘違いしていたそうです。

FF外から失礼します。ロッテの有名なキャッチコピー『お口の恋人』は仲本工事さんのお母さんが考えたモノです。『忙中ガムあり』というミニコラムで仲本さんが紹介しています。

FF外から失礼します。演出家・蜷川幸雄さんといえば稽古中に怒ると役者さんに灰皿を投げることで有名ですが、役者さんに当たらないように気を使って投げていたそうです。

ちなみに禁煙中は投げる灰皿がないので、食べかけのハンバーガーなどを投げていたそうです。

延期になったライブはまたいつかかならずやります。

［リングス CEO/THE OUTSIDER プロデューサー］

前田日明

収録日：2021年5月11日
撮影：タイコウクニヨシ
写真：平工幸雄
聞き手：井上崇宏

「リングスっていま考えてもよくやったなと
思うよね。31歳くらいの若造が扱いにくい
頑固ジジイとかを相手にして、
しかも日本だけじゃなくてロシアとかにも
行ってさ。それで最後にはみんなから
『ありがとう』って言ってもらえたから」

リングス旗揚げ30周年。人生とはあらゆる局面が結晶のようにくっついたもの。

「俺の人生は、せーのでドボンするぞと思ったら次に繋がるっていうその繰り返しだよ」

——今日は5月11日で、ちょうど30年前にリングスが旗揚げした日です。

前田　えっ、そうなの？　初興行って5月11日だったっけ？

——はい、1991年です。あえてこの日を取材日に設定していただいたと思ったんですけど（笑）。前田さんはメモリアルイヤー的なものには興味がないですか？

前田　どうなんかね。まあ、一緒にやっていた連中はけっこう元気にいろんなことを始めているんで、それはそれでよかったと思うね。俺が出会った頃は、選手はみんな食えなくて大変だったからね。80年代後半にペレストロイカでソ連の年金制度が崩壊して、スポーツ選手なんかは無収入になって。サンボはオリンピック競技じゃないから特にひどくてさ。

——柔道との競技としてのブランド格差というか。

前田　その柔道でもオリンピックのメダル争いに絡むとか、世界選手権なんかの国際大会で優勝とかの実績がないかぎりはほとんどダメなんだよね。俺が1991年9月に初めてロシアに行ったとき、「ここではルーブルは使えないよ」って言われて「ロシアなのになんで？」って聞いたら、「ハイパーインフレでお金の価値がどんどん紙切れ状態になってる。ドルを持っていたほうがいい」って言われたんだよね。それで成田でドルに両替して行って、モスクワ空港に着いたら1ドルが3500ルーブルくらいだったんだけど、1週間経ったら5000ルーブルくらいになったんだよ。1週間でだよ？

——滞在中にそこまで貨幣価値の変動があると、リアルな実感がありますよね。

前田　だから空港で全部両替していたらヤバかったよ。「いや、やめたほうがいい。ルーブルはほんの少しでいいよ。たぶんまたドルが上がるから」って言われて助かった。旗揚げ当時はそんな状況だったのに、リングスに上がっていた外国人ファイターには億万長者になったヤツがいっぱいいるからね。

——いちばんの出世頭は誰になるんですかね？

前田　ディミータ・ペトコフとソテル・ゴチェフのブルガリアチームは、いまカジノ王だからね。それとヴォルク・ハンが石油ビジネスをやっていて、いまスイスの大豪邸に住んでいるでしょ。ハンはいろんなことに興味を持ってさ、手広く金儲けをやっているよね。あとはオランダもさ、ハンス・ナイマンとディック・フライが現役中にベーフェルウェイクに巨大ジムを作ったんだよ。3階建てでそれぞれのフロアがデパートくらい広くてさ。でもナイマンはそのジムの前でマシンガンを乱射されて死んじゃって、フライも刑務所の中でしょ。アイツらはバウンサーとして優秀すぎたからトラブルが起きたんだよ。ナイマンは俺と同い年だったんだよな。

――リングス旗揚げから30年、それ以前の歴史としては新日本、UWFがあったわけですけど、ここまでを振り返ってみてどんな人生ですか？

前田　俺、どうやって生きてきたとか考えたことがないんだよね。

――その瞬間瞬間で、場当たり的な感じですか？

前田　そうだね。いちおう長期展望は立ててみるんだけど、その通りに行ったことがないんだよ。「人生で最悪の状況」の連続ですよ。子どもの頃に『空手バカ一代』に影響されて、「俺もアメリカに行って道場を作って生活するんだ。そのためにマグロ漁船に乗ってお金を貯めるんだ」って思っていたけどさ、マグロ漁船に乗ること自体も相当な覚悟がいるし、続くかどうかもわからない話じゃん。それでアメリカに行って道場を開くっていうのも、そんなにお金を持って行けるのかっていうのもあるしさ。

――いずれにせよ、高校生が抱く夢としては壮大すぎますよね。

前田　そういう小僧がひょんなことから新日本プロレスに入って、ひょんなきっかけで藤原（喜明）さんと一緒に練習するようになって、その延長線上で第一次UWFになって。猪木さんに「行ってこい」って言われて行ったらポシャったから、「帰ってこい」って言われて。このままだと何も状況を知らずに一緒に来た連中もみんなポシャっちゃうなと思ったら、「それはできないよな」と。「どうせ俺は最初からプロレスラーになるつもりでこの世界に入ったんじゃないからいいや」と思って、キャリアの浅い自分らがこれまでやってきたことをやろうっていうのでやったのがUWF。あのときは本当に「行けるところまで行って、それで潰れたらバンザイしてもいいだろ」っていうぐらいのつもりだった。それがのちに第二次でウケたもんだから、ズルズルと行ったわけでしょ。せーのでドボンするぞと思ったら次に繋がるっていう、その繰り返しだよ。

「これは説明のしようがないんだけど、もうヘトヘトになっちゃうんだよね。それでバンザイしちゃう」

――いまふと思ったんですけど、少年の発想として、マグロ漁船に乗る、そしてアメリカで空手道場を開くというのは、だいぶ絵空事に近いですよね。そこと現実との折り合いが新日本プロレス入門っていうのは凄い話ですよね（笑）。新日本に入るっていうことも、かなり現実的ではない難易度の高さだと思うんですけど。

前田　新間（寿）さんが大阪にやってきて、「ウチのルートを使ってモハメド・アリの弟子にしてやるよ」って言ったからさ。アリの弟子になるっていうことはアメリカに行けるっていうことで、それでアリのところで練習してチャンピオンになれなくても、それだけの技術を身につけたらボクシングも教えられるじゃん。ボクシングと空手をミックスさせて教えたらもっと凄いなと思うよね。だから、たしかに現実的な話じゃなかったんだけど、アリのジムに行くまでの身支度として、身体を作るために新日本プロレスに入るんだよって言われてさ、「ああ、それだったらいいかな」と思っちゃったんだよね。俺にはプロレスなんてできないと思っていたから、新間さんには何回も断ったんだよ。だけど「ウチで1、2年身体を作ってからアリのところに行きなさい」って言われて。

——ダメですよね、未成年にそんな嘘を言ったら（笑）。それで前田さんもちょっと目をキラキラさせていたわけですよね？

前田　「本当にアメリカに行けるんだ」ってね。それと新間さんが「ウチに来たら水の代わりに牛乳を飲みなさい。牛乳だけじゃなくたまにオレンジジュースを飲んでもいい。肉でもなんでも食べたいだけ食べなさい。今日はステーキのフルコースをご馳走するけど、こんなのは東京だったら朝ごはんと一緒だよ」って（笑）。そんなことを言われて、俺は当時、毎日のようにご飯に味噌汁をぶっかけて、ししゃもをかじっていたから夢のように思うじゃん。

——とにかくキャリアのスタートから出たとこ勝負というか。

前田　どっちかと言ったら十中八九でドボンするかもわからないけど、行けるところまで行っちゃおうっていう感じの連続だよね。だから、どの局面でもやりとげられるという自信は全然なかったけど、「やれるところまでやったら、辞める日まではメシが食えるじゃん」っていうさ。だから俺、他人に対してもいつも「ちゃんとメシが食えてるかな？」ってのが気になるんだよね。それって俺らの父親の世代というかさ、戦中派世代の決まり文句なんだけど、俺もよく言っちゃうんだよね。「メシ食えてるのか？」ってさ。

——それは前田さんの口癖ですよね。

前田　そう。いつから口癖になったのかなって。

——でも行き当たりばったりながら、それぞれの時代でムーブメントを起こしましたよね。

前田　そうだね。ムーブメントを起こしたというか、注目してもらえたってことだよね。自分が起こそうと思ってやったわけじゃなくて、ワーワーやってるうちにみんながこっちを向いてくれたっていう感覚なんだよ。

——そして、それぞれの活動を、のちに前田さん以外の人がその流れを紡いでいっているというか。ことごとく長続きしないっていうのは前田さんの性格なんですかね？（笑）。

前田　なんかね、くたびれちゃうんだよね。スタミナがないんだよ。スタミナが。

――飽きっぽいというかすぐに退屈しちゃうところがあるんでしょうね。

前田　いや、飽きっぽいっていうのもなんか違う気がするし、かと言って「認められたい」とかそういうのもなくて、なんか疲れちゃうんだよ。これは説明のしようがないんだけど、もうヘトヘトになっちゃうんだよね。それでバンザイしちゃうんだよ。

――それぞれの団体の最期よりも前から前田さん自身は疲弊していたと。

前田　みんな、俺がやっていることがどういうことかというのをわかってくれていると思ってやっているんだけど、ある日、「えっ、誰も理解していなかったの？　なんで？」となって。そこでいままでやってきたことが全部無駄だったような気がしてね、疲れちゃうんだよね。

――ここまでの歴史を辿ると、いまごろはどこかの豪邸で悠々自適に暮らされていて、ボクなんかは絶対に連絡がつかないような生活をされていたと思うんですよね（笑）。

前田　親の教育も悪かったんだよね。

――親の教育が悪かったですか？（笑）。

前田　どうしようもない生活を送っているくせに、妙なところで高潔なことを言うんだよ。「カネは汚い。人間はカネのために生きるんじゃないよ」って言ったりとか。「まわりの友人やお世話になった人とかを見て、おまえが『あれ？』と思うことがあってもいいふうに考えてやるんだよ。悪く考えちゃダメなんだよ」って言ったり。だから、こっちはまわりで悪事を働いているのが目に入っているのに「いや、よく考えてやらないとダメだな」と思っちゃう。そのうちにどんどん悪事が重なっていって、どうしようもなくなるっていう。

――子どもの頃に親から聞かされたことって、ずっと頭に残りますよね。

前田　それは親からだけじゃなく、身近な年寄りからもこんこんと言われていたんだよね。あのへんの時代の人たちが生きている頃はその理屈が通用して、その考えを守っているといい見返りがいっぱいあったんだよ。だけど、いまはないんだよね。

「ウチのチビがしょうもない嘘ばっかりつくんだよな。親父が単純な人間だっていうのがバレてるみたいで（笑）」

――「カネのために生きるな」と教え込まれたら、それは大人としてかなりの弱点でもありますよね。

前田　でもね、新日本に入った頃のことを振り返ってみて思

うのは、猪木さんや山本（小鉄）さんは俺自身が気づかない何かを見たのかもしれないね。「あっ、コイツはこういう部分が凄いんだな」っていうのがあったのかもしれない。だから、いま思えば大事にしてもらったと思うよ。だって俺、練習が終わったあとの昼飯が食い終わるのに夕方までかかっちゃうんだよ。山本さんにずっと見張られていて、どんぶりご飯を大盛りで4、5杯食うまで終われないんだから。それで吐いたら怒られてさ、とにかく毎日見張られていたんだよ。

――ずっと付きっきりで。

前田　会社の幹部でほかにもいっぱい仕事があるのにありえないじゃん。「ああ、大事にされていたんだな」と思うよね。

――やっぱり身体も大きかったからスター候補生ですよね。1982年にイギリス遠征に行って帰ってきて、すぐにテレビマッチで。

前田　本当はカルガリーに行くはずだったんだけど、カール・ゴッチさんが直前になって「前田はイギリスに行かせろ」とねじ込んだんだよ。

――帰国第1戦でポール・オーンドーフとテレビマッチでやって、第1回IWGPではヨーロッパ代表に抜擢されて。そこで猪木さんともシングルマッチをやっているわけですよね。

前田　イギリスにいたのはたった1年だったのにだよ。あれは猪木さんが糖尿病で体調が悪くなかったら3年は行けたんだよ。佐山（サトル）さんだってメキシコに2年、イギリスに1年で3年行ってるじゃん。藤波（辰爾）さんだってそうだし。

――じゃあ、もうちょっと長く海外のプロレスに揉まれていたら、もっとプロレスラー然として帰ってきていたんですかね？

前田　たぶんね。

――そこで海外修行がわずか1年だったというのは、のちのスタイルに少なからず影響を及ぼしていそうですね。

前田　あと、たった1年だったから、日本に帰ってきても新弟子気分が抜けないんだよ。

――ああ、たしかに。

前田　それでいきなりメインイベントに出されてさ、「えっ、どうやったらいいの？」って。イギリスに行っていたときに俺が出ていたデール・マーティンズ・プロモーションズっていう団体のプロモーターのいちばん上の兄貴がビッグダディっていうプロレスラーでさ、もともとはベンチプレスのヨーロッパ記録を持っている人らしいんだけど、当時はだいぶ歳もいっていた百貫デブで。

――ビッグダディとクイック・キック・リーとタッグを組んでいる試合映像がYouTubeにあがっていますよ（笑）。

前田　そんなでっかいのをメインに据えてやっていたものだから、みんなが嫌がって離れちゃったんだよね。だからもうちょっと海外にいたら、イギリスのあとはドイツのハノーバーに行って、そのあとにカルガリーに行くっていう話があったんだよ。もし、カルガリーに行っていたら、根っからのプロレスを覚えていただろうね。

——やっぱり一連の流れってありますよね。

前田　ウチの長男がいま中学2年生なんだけどさ、たしかにスポーツはできるんだよ。それで中学校に入ったときに「水泳部に入りたい」とか突然言い出して。母親が水泳部だったから小さいときから水泳をやらせてはいたんだよね。いちおう私立の学校なんだけど1学年が250人とかで、本人は「4分間の長距離走も学年でいちばんだし、水泳もいちばん速い」って言うんだよ。それでこないだ「おまえ、1500メートルをどれくらいで走るんだ?」って聞いたら「5分を切る」とか言いやがるんだよ。

——えっ、速い!

前田　いやいや、ありえないでしょ?

——いえ、中学の陸上部なら5分を切る子はいます。でも陸上部じゃないのに速いですね。

前田　そうなんだ。でもウチのチビは見え見えのしょうもない嘘ばっかりつくんだよな。もうね、なんでもすぐにごまかす。親父が単純な人間だっていうのがバレてるみたいで(笑)、ちょっとキャプションつけて盛ったらすぐに親父は信じるみたいなさ。それでいつも俺はついつい騙されてさ。

「いまは楽しいとか悲しいとか考えないようにしてる。そういうのを考えたらきりがない」

——ついに子どもにまで騙されてるようになって(笑)。

前田　そう(笑)。でも学校の先生も「学年ではいちばん足が速いんですよ」って言うから「本当かね?」と思って。それで水泳も「俺はいちばん速い。誰にも負けない」って言ってて。それでこないだのゴールデンウィークのとき、どうせ家でゲームばっかやってるからって、母親が昔水泳部で仲間だった人がいまパーソナルで水泳を教えてるんだよね。その人が浜松で合宿をやって、4、5日預かってみっちりトレーニングしてくれると聞いてさ、そこにチビを行かせたんだよね。それで、どうせ天狗の鼻を折られて泣きながら帰ってくるんだろうなと思っていたんだけど、そうしたらその先生から電話がかかってきて、「お子さんは凄く才能があります」と。でもバタフライとかやらせると、バタフライじゃないようなバタフライで泳ぐんだって(笑)。

——水泳道にもとるような泳法があるんですね(笑)。

前田　泳法違反のバタフライで泳ぐんだって(笑)。クロールにしても、どっちかの手がちゃんとかけていないんだけど、それでもめちゃくちゃ速いんだと。だから「ちゃんと教えたらとんでもないことになる」って言うんだよね。

――基本ができていないから、いまのところはストリートファイターってことですよね。

前田　「スタミナと馬力がめちゃくちゃあるし、この子は凄く才能があります」って。それで俺はもうビックリしてさ。

――前田さんの遺伝子的にもともと身体能力が高いのと、水泳は幼少期からやっていたから向いているんでしょうね。

前田　ウチのチビが水泳っていうのは意外だったね。たしかに持久力がありそうだなとは思っていたんだよ。ちっちゃい頃からすぐに階段を駆け上がる競争をしたがったりして。しかも何度も上り下りしてキリがなかったんだよ。

――これからが楽しみですね。前田さん自身は、いま楽しいですか？

前田　とりあえず、いまは楽しいとか悲しいとか考えないようにしてるよ。そういうのを考えたらきりがないからさ。だから、ちょっとでも自分が興味を持ったことに首を突っ込んで生活していこうかなって。

――それを楽しい人生って言うんですけどね（笑）。

前田　いまはＹｏｕＴｕｂｅで出会った連中と普段も連絡を取り合って、ああでもないこうでもないってやってるのがおもしろいよね。

――あの極真空手の纐纈卓真選手とか凄いですね。

前田　纐纈くんとか、あとはＫ－１に出ていた久保優太くんとか。彼らはマジで天才だよ。よく世間が気づかずに放ったらかしにしてるなと思ってさ。ＹｏｕＴｕｂｅでは発表していないことがいっぱいあって、それを知ったらみんなビックリするよ。格闘技の教え方とかが一変すると思う。彼らとあれこれやりとりするのがいまは楽しいね。

――前田さんのＹｏｕＴｕｂｅのラインナップを見て思うのは、前田さんって本当に格闘技が好きなんだなっていう。ちょっとオタク的なくらいに好きですよね。

前田　格闘技は好きだよ。だっておもしろいじゃん。どんな偉そうなことを言ってるヤツでも叩いたら倒れるんだぜ。

――まあ、いかに一発で倒すかっていうのを考えたりするのが、いちばん楽しいですもんね（笑）。

前田　そうだよ。べつに金持ちになろうとは思わないけど、ずっと好きなことを考えながら、それで生活に困らなかったらいいんだよね。男って数え年で42に厄年があって、その次が61なんだってね。たしかに俺、60のときに最低だったんだよ。40の頃も最低だったし。

――ボクも何があったかは憶えていないですけど、「厄年って本当にあるんだな」と思いました。それくらい最悪なことが続いて（笑）。

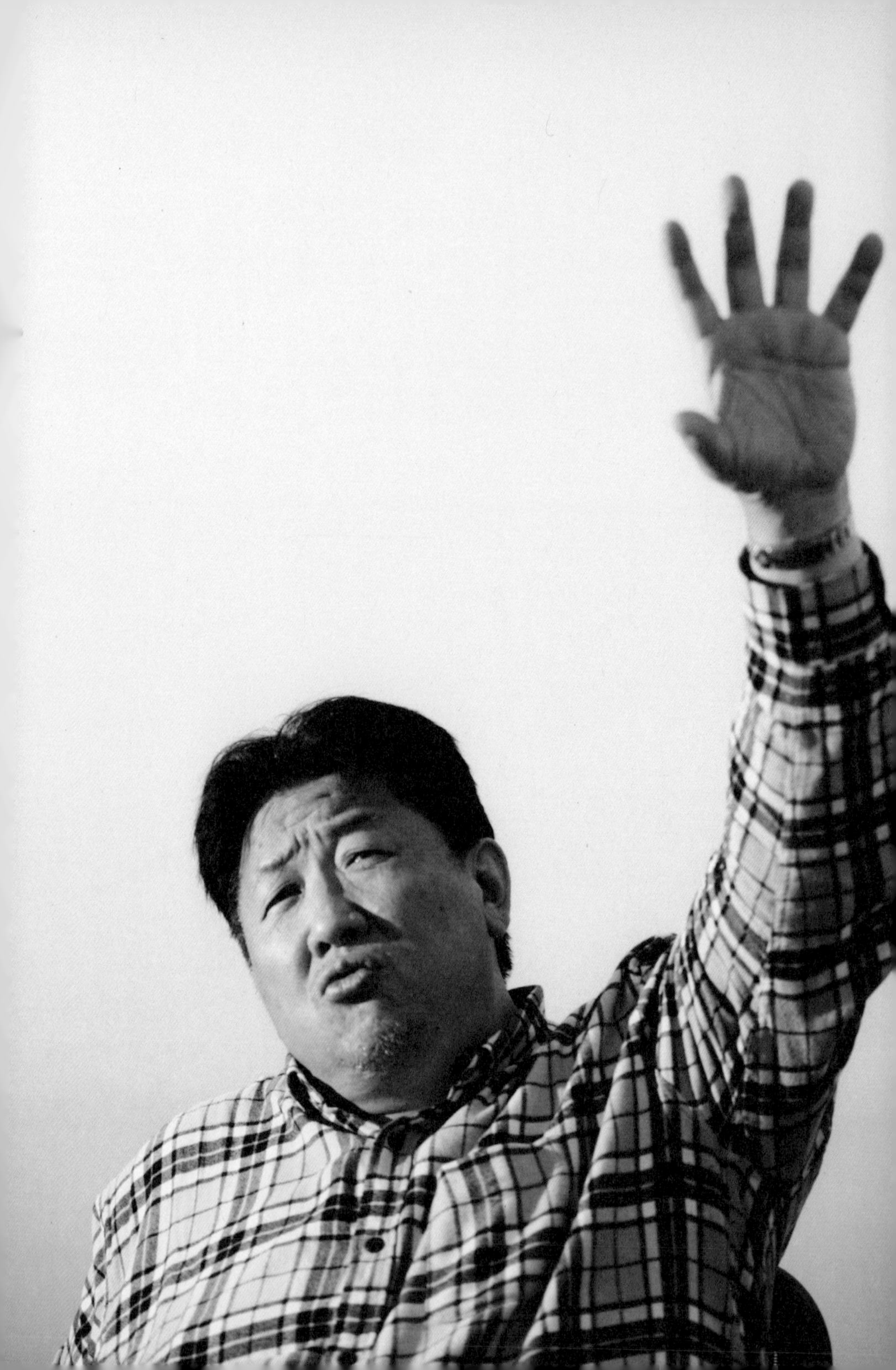

前田　あるよね。身体は調子悪くなるし、仕事も大変になるしさ。人間関係もおかしくなるし、いいことがこれっぽっちもないんだよね。みんないきなりバシャーン！　みたいなさ。しかもいまはコロナもあるから厄とか関係なく、男も女も年寄りも若い人も調子を崩してる人がいっぱいいるよ。

——じつはボクもいま、あんまり調子がよくないんですよね。ずっとだるくて……（笑）。

前田　謙吾はそういう話を聞かないでしょ？

マネージャーの渡部謙吾　たとえば鬱という状態がどういうものかっていうのがあまりわからないかなっていう。

前田　ラグビー部だもんね。

——ラグビーですからね（笑）。

前田　「おまえ、ずっとこもってるから鬱になるんだ。太陽に向かって走れ！」って（笑）。

謙吾　まあ、そうっスね（笑）。

「やっぱり歳を取ると勃つか勃たないかがいちばん大事。ハッキリ言って人生における楽しみの90パーセント」

——でも、たしかに運動をしていると鬱にならないらしいですね。

前田　そうだよ。運動するのがいちばんいいよ。だから俺はいま和田（良覚）くんと週2でトレーニングやってるじゃん。あれは凄く助かってるよ。和田くんのトレーニングをやっていなかったら、俺は下手すれば来年か再来年あたりに孤独死してたよ（笑）。運動はやらなきゃダメだね。

——トレーニングはいま週2ですか？

前田　週2。和田くんは優秀だよ。俺は腰が全然ダメでさ、ひどいときは1週間ごとにギックリ腰みたいになるんだけど、和田くんにちゃんといろいろなフォームを教えてもらったら、デッドリフトやスクワットがまたやれるようになったもんね。まだ軽い重量なんだけどさ、あんなのはもう一生できないと思っていたからね。

——やる目的がないでしょうし。

前田　そうそう。だから、いままで絶対に不可能だと思っていたような筋肉を動かすようになったから、逆に身体が以前よりも動けるようになったんでよかったんだよね。

——やっぱり体力をつけるのは脳にとっても大事ですよね。

前田　大事だよ。それとやっぱり歳を取ってチンポが勃つか勃たないかがいちばん大事だと思ってさ。ハッキリ言って、それが人生における楽しみの90パーセントじゃん。

——ハッキリ言って90パーですか？（笑）。

前田　9割そうだよ。たしかな欲望が湧いてこそ、ほかへの興味も湧くしさ。だけどオンナにさえ興味がいかなくなったら、ほかのことになんか興味がいくわけないじゃん！

——そ、そうですかね（笑）。

前田　生命の根幹じゃん。それでいろいろネットを漁って漢方だなんだって研究していたらさ、ある漢方薬にたどり着いたんですよ。最近、中国人によって処方されている漢方薬があるんだよ。それは効果があるって自信満々に謳っているもんだから、最初は騙されて2万円くらいで買ったんだけどさ、飲んでたらえらい調子がよくなって「うわっ、これいいじゃん」と思って。「でも高いよな。2万なんていつもは出せねえじゃん」って思ったからまたネットで調べてみたらさ、中国のサイトが出てきて「何元」とかって書いてるから計算してみたら3000～5000円とかなんだよ。それを日本に持ってきて、1万5000円とか2万円で売っていたんだよね。

——前田さんはその最高値で買っていたと。

前田　それで「あっ、そういえば」と思ってさ。いま都内とか神奈川県で、中国からバイヤーを呼び寄せて中国骨董が好きな人向けにセリ市をやってるんだよ。そこに俺も60歳のときの厄年に中国骨董とかいろんなものを何点か出したんだよね。それを売って生活費の足しにしたりしていたんだけど、そのときにもらったバイヤーの名刺があったから連絡をして話をしたんだよ。そうしたら、どうもその話がそいつにとってもよかったみたいでさ、ちょっとその薬の話をしたら、そいつが気を利かせてその薬を中国から送ってきたんだよ。しかもビックリしたのが、めちゃくちゃ大きな段ボールに100箱くらい入ってて（笑）。

——100箱（笑）。

前田　だから謙吾にも何箱かあげてさ。

謙吾　いま毎朝飲んでます（笑）。

前田　あれは飲まないとダメだよ。

謙吾　もともと朝勃ちはしていたんですけど、勃っている時間が長くなったような気がしますね（笑）。

——午前中はずっと朝勃ち（笑）。

前田　これからもっと強くなるよ。

——ボク、朝勃ちなんかひさしくしていないですよ。

前田　俺もそうだったんだけど、それを飲んだら朝勃ちするようになったんだよ！

——げげーっ！

前田　最初はなかなか効果が出ないんだけど、ひと月くらい飲んでいるとビックリしたのが、エロビデオをぼんやり観ていて、ハッと気づいたら勃ってるんだよ。「おい、おまえ、どうしたんだよ!?　なんでそんなに元気になってきたんだよ!?」と。

「リングスは、俺が何をしてどうやったらあんなことができたんだろうって自分でも思うよ」

――チンポを擬人化（笑）。

前田　「いままで寝たきり状態だったのに、なんでこんなに元気になったんだ？」と思ってさ。それからしばらくしたら、たまに朝勃ちもするようになったんだよ。凄いでしょ？　それまではエロビデオを観ても寝たきり状態だったのがさあ。

――「はいはい、おじいちゃん起きましょうねー」ってやっていたのに（笑）。

前田　「もう起きようねー」って言っても「嫌だ！」ってね（笑）。それで街でもかわいい女のコが通ったら「おっ！」って目が行くようになったしさ。

――あっ、ハンターとしての感覚までよみがえってきているんですね。

前田　そうそう。そうなってくるとすべてのことがプラスになってくるんだよ。もう余計なことを考えなくなるしさ。やっぱりね、あっちが大事だよ。生きる力ですよ。人間ひとりを生む力があるんだからさ。その力が自分自身を強くする。大元は健康管理だね。やっぱり身体が動かなくなったり、調子が悪くなったらダメだよ。

――「元気があればなんでもできる」と。やっぱり運動とチンポですね。でも前田さんも人間のタイプ的にはどっちかと言えば文系ですもんね。

前田　俺は体育会系じゃなくて文系だよ。でも俺は自分自身が理解するっていうんじゃなくて、あらゆる分野のことを理解している人たちを集めるのが好きなんだよ。そうして自分のまわりに達人をいっぱい集めておいて、いつでもあれこれ聞ける環境を作るんだよ。

――ネットワーク作りは得意ですからね（笑）。

前田　そういう巣作りが好きなんだよね。その環境を作っておくと安心するんだよ。だからいまＹｏｕＴｕｂｅで細細くんとか久保くんとやってるのも巣作りの一環ですよ。それであぁでもないこうでもないってやってたら楽しいじゃん。

――藤原組長が血と汗と涙を流しながら作りあげたゴッチノートを盗み見して、「全部わかった！」って理解するドン荒川みたいな（笑）。

前田　達人が近くにいると話が早いじゃん（笑）。いや、マジで自分のまわりがいろんなジャンルの達人だらけってめちゃくちゃおもしろいよ。

――それは令和のリングスネットワークですよ。前田さんは外国人とのコミュニケーション術に長けているっていうのも大きいんじゃないですか?

前田　どうなんかね。

——まずは万国共通、下ネタをかますことが相手との距離を縮めるコツだとよくおっしゃっていますよね。それは冗談話っぽいようで真理だなと思うんですけど。

前田　でもさ、みんなそこをいまでも勘違いするんだよ。いい言い方をすれば、たしかにコミュニケーションは下ネタからのほうがいい。でも悪い言い方をすれば、どうでもいいヤツには下ネタだけでいいんだよ。

——あー、なるほど。

前田　その違いをみんながわかっていないんだよね。たとえば「前田は下ネタしか話さなかった」って言うヤツは、俺にとってはそれだけの付き合いってことなんだよ。でも、それって俺だけじゃなくて、いままでいろんな人間と会ってきたけど、みんな同じだよ。掴みの部分でパーンと入って、そこから先の関係に深く進めるかどうかの話だから。下ネタだけで終わるヤツってリングスのメンバーでもいっぱいいたよ。それで終わってるんだよ。

——あぶない、ボクも気をつけないと……。

前田　若いときにムチャした話とかオンナの話をしたりとかしてさ、そこから私生活の話になって、人生の話にまで及んでいって、「で、いまはどうなんだよ?」ってどんどん距離が近くなっていくんだよ。だから俺、纐纈くんや久保くんには下ネタを1回も言ったことがないよ。まあ、たしかに下ネタは掴みの部分では必要なんだけどね。

——とにかくリングス30周年、おめでとうございます。

前田　でもリングスって、いま考えてもよくやったと思うよね。31歳くらいの若造が、扱いにくい頑固ジジイだとかを相手にして、しかも日本だけじゃなくてロシアとかにも行ってね。それで最後にはみんなから「ありがとう」って言ってもらえたし。俺が何をして、どうやったら、あんなことができたんだろうって自分でも思うよ。まわりが俺のことを深く理解してくれたのか、それとも勘違いしたのかのどっちかだよ(笑)。でも人生ってそういうものでさ、そういう局面が結晶のようにくっついているんだよね。

前田日明(まえだ・あきら)
1959年1月24日生まれ、大阪府大阪市出身。リングスCEO/THE OUTSIDERプロデューサー。
1977年に新日本プロレス入門。将来のエースを嘱望され、イギリスに「クイック・キック・リー」のリングネームで遠征した。第1次UWFに参加したのち、新日本にカムバックをしたが、顔面キックで長州力に重傷を負わせて新日本を解雇される。そして第2次UWF旗揚げ、解散を経て、1991年にリングスを設立。1999年2月21日、アレキサンダー・カレリン戦で現役引退。その後HERO'Sスーパーバイザーを務め、現在はリングスCEO、THE OUTSIDERプロデューサーとして活動。

[総合格闘家]

矢地祐介

収録日：2021 年 5 月 11 日
撮影：当山礼子
試合写真：©RIZIN FF
聞き手：井上崇宏

「いまは格闘技が楽しくて、武器やアイテムをいっぱいゲットしてレベルがどんどん上がっているイメージです。みんなが『矢地がいつもと違うぞ』っていうふうになるだろうから、それを想像するとワクワクしちゃうっスね」

スーパーポジティブすぎるNEWヤッチくん！ いざ復活をかけた6・27『RIZIN .29』川名雄生戦へ !!

「負けて腐ってるし、落ち込みもするけど、俺のポジティブな思考はやっぱり変わらないので」

矢地　いやあ、『KAMINOGE』ひさしぶりっスねー。

――矢地さん、ひさしぶりにしたのは誰のせいですか？

矢地　アッハッハッハ！　俺か（笑）。

――連敗中に取材を申し込むのは悪魔でしょう。今回、5月30日に予定されていた『RIZIN.29』（丸善インテックアリーナ大阪）が緊急事態宣言により6月27日に開催変更になったじゃないですか。矢地さんは修斗世界ライト級王者の川名雄生選手と対戦するわけですけど、まず試合が1カ月延びたことに関してはどういう心境なんですか？

矢地　俺はまったく、何も思わない。

――まったく影響がない？

矢地　うん。むしろ準備期間が増えて「よしよしよし」って感じ？　対策を含めて研究する時間が増えたから、「やったぜ」ってちょっと思うくらいでべつに何も思わない。

――もちろん、延期になる可能性もあるぞっていう想定は前からありますよね。

矢地　あったし、あとはやることが基本的に変わらないから。最近は減量もないし、「あー、延期っスか。はーい」みたいな。

――体重はずっとキープしている感じですか？

矢地　キープしてるっていうか、勝手に増えないんで。だから最後の1、2週間だけ気をつけたらグッと落ちて、最後は水抜きだけなので。

――それは食生活の影響とかで体重が増えなくなっているんですか？

矢地　日々の食生活と、練習も普通にずっとやっているのと、体質的にも太らないし。だから余裕（笑）。

――怖いなあ（笑）。

矢地　アッハッハッハ！　この余裕が怖い？（笑）。

――いま、矢地さんに「余裕」って言われたらドキドキしちゃいますね（笑）。いや、矢地さんはひさしぶりとおっしゃいますけど、『KAMINOGE』はずっと矢地さんを追っかけてきているわけじゃないですか。

矢地　たしかにね。

――今回、ボクが読者のみなさんにいちばん伝えたいことは「矢地祐介という男が、いかに気持ちのいい人間か」っていうことですよ。ちょっと試合のことはさておき（笑）。ボクは仕事柄、いろんな格闘家の人たちと年中接触があって、お付き合いをしているわけですけど、矢地祐介だけは別格でまぶしいと。気高いし（笑）。

矢地　俺がまぶしくて気高い？　まあ、悪くないっスね（笑）。

——感覚も凄く常識的だし、それってファイターとしてどうなんだ？っていう話にもなっちゃうんですけど、たしかに常識がないほうが絶対に強いじゃないですか。

矢地　そうなんですよ。ぶっ飛んでるくらいのほうが強い選手が多いんですよね。

——どうしてこうも人間が変わらないんですかね？

矢地　えっ、どういうこと？　ぶっ飛んでるほうが強いってわかってるのにって？

——それもありますけど、たとえば負けが込んできたら荒んだりとか腐ったりとかっていうのも見えないし。ちゃんと裏では当たり前のように腐ってるんですか？

矢地　もちろん腐ってるし、落ち込みもするけど、なんだろ、大人すぎるのかもしれないな。負けは超嫌だし、超悔しいけど、「人生っていう長い目で見れば、この負けも……」みたいに思えちゃうから、その考え方がよくないのかもしれないですね。

——それもある意味で正しいんですけどね。難しいですよね。

矢地　もちろん悔しいですけど、俺のポジティブな思考はやっぱり変わらないので、結果的にはいつもポジティブに捉えてしまうという。それを格闘技という部分でうまくポジティブに考えられたらいいんですけど、人生的に考えたらとか、広い目で見すぎているのかな？（笑）。

——人間・矢地祐介としては、この負けでまたグッと経験値が増すぞっていうか（笑）。

矢地　「まあまあ、またそれも」っていうか、「振り返れば全部いい思い出だろ」くらいに思っちゃうから。もちろん悔しいのは大前提ですけどね。いま話していて、そこがよくないんだろうなって思っちゃいました（笑）。

——いやいやいや。２０１９年の年末（『ＢＥＬＬＡＴＯＲ　ＪＡＰＡＮ』）の上迫博仁戦で勝ちましたけど、ＲＩＺＩＮということでいうと５連敗。ＲＩＺＩＮ登場以降は５連勝だったのに。

矢地　ねえ。最近はひどいもんですね。

——言い方は悪いですけど、格闘技って負け慣れみたいなものってあったりするんですか？

矢地　いや、負け慣れなんてないし、絶対にそうなっていると思いたくもないけど、昨年末に所属していたＫＲＡＺＹ ＢＥＥを離れて、いまはフリーとして新しい体制で練習をしているんですけど、最近の練習内容とか環境も含めてトータルで考えると、ここ最近の負けは納得がいくというか、「そういう練習しかできていなかったんだな」っていう部分に心当たりが出てきたかなと。「それは負けるよね」と。もちろん、そのときはそれがいちばんいいと思って一生懸命に練習をしていたんですけど、いま考えると「あー、あの練習をしてたらそりゃ限界があるよね」っていうふうに思って。それでいまは合点がいってる状態です。

「練習後に八隅孝平さんから『そりゃ、こんな練習じゃ勝てないよ』ってけっこうボロクソに言われて」

――ちゃんと負ける理由があったと。じゃあ、ボカしたとか、そういう感覚でもないんですね。

矢地　もちろん試合内容とかゲームメイクに関しては、その時点でももっとできることはあっただろうけど、限界はあったんだろうなっていう。いまの練習の充実ぶりから考えてみたとき、「あの練習をしていたら、それはそうよね」みたいな感じに思っていますね。

――直近の大原樹里戦が昨年の9月ですよね。そこはブランクとはあまり感じないですか？

矢地　1年まではいかないか。9カ月くらい。

――一時は年3試合やってましたよね。2017年はダロン・クルックシャンク、北岡悟、五味隆典。2018年もディエゴ・ヌネス、ルイス・グスタボ、ジョニー・ケースって。

矢地　すげえやってましたねえ。

――いま充実した練習ができているっていうのは、具体的にどんな感じですか？

矢地　コーチ、トレーナーが付いたっていうことがデカいかな。ちゃんと格闘技を学べていると。MMAを見てもらっているのはロータス世田谷の八隅孝平さんですね。

――ロータスでMMAをやっているんですか？

矢地　そうっスね。プロ練みたいな感じで。打撃多めだけどMMAかな。

――あっ、ロータスではグラップリングに特化してやっているわけじゃないんですね。

矢地　グラップリングはグラップリングでやっているんですよ。それで俺と同じ時期にKRAZY BEEを抜けた選手とか、そのほかいろいろと声をかけて集まった選手であそこを間借りしてやっていて、そこにヘッドコーチとして八隅さんが付いてくれているっていうのを週2回やってますね。

――八隅さんのところには名だたるファイターたちが越境して練習に来ていますよね。

矢地　その八隅さんにいろいろ教えてもらうようになって、それこそ最初は元ジムでの練習内容をそのままやったんですよ。それを八隅さんが見ていて、練習が終わったらいつも円になって意見を言い合うんですけど、そのときに八隅さんが「ちょっと一言だけいい？」って言って、そこからボロクソに言われて。

――えっ？

矢地　練習内容についてね。「こんな練習じゃ勝てないよ」みたいな。「こんなの練習じゃないよ、ただのフィジカルトレーニングだよ」と。

――元KRAZY BEEの選手が集まって練習していたときに？

矢地　そうですね。俺と（田村）一聖さんもいたのかな。あとは（横山）恭典とか、ほかにプロやアマのコも何人か来ていた日で。もうそれまでやっていた練習そのままで、「じゃあ、とりあえずいつもの練習をやろうか」っていうことでやっていたら「いやいや、これじゃそれは勝てないよ」ぐらいにけっこうボロクソに言われて。それで、それぞれ個々にも「矢地くんは……」って言われて、その言葉がグサグサ刺さっちゃって。

――凄い。八隅さん、さすがですねえ。

矢地　言われて俺も「たしかにそうだよな……」みたいな。そこでいろいろとアドバイスをもらって、最初は「ちょっと練習を見てください」っていうくらいの感覚で八隅さんも時間があるときだけ見てっていう感じだったのが、そのダメ出しにみんな衝撃を受けちゃったから「あっ、これはいいぞ」となって、「八隅さん、本格的にコーチングをお願いしたいです」って言って、そこからは八隅さん仕切りの練習が始まったんですよね。

――最初は場所借りみたいな感じだったのが、本格的に八隅塾に入ったというか。

矢地　そうそう。で、いまはみんなあそこでやっていますね。

――めちゃくちゃおもしろい話ですね。

矢地　感覚としては、それまでガチャガチャやっていたものを頭でやるようになったというか、ちゃんと技術を教わるという練習ですね。俺もそれまではあまり外の世界を知らなかったから、自分たちでやっていたことがすべてでしたからね。ただ、それだと成長がないというか。それぞれにバックボーンがあって強いから集まって、それぞれでなんとかなっているんですけど、その練習だけではそれ以上は強くはなれないよなって。だからすべてに合点がいったっスよね。俺らプロの選手が勝てなくなっていたこと、その理由を八隅さんに全部言われて「ああ、たしかにな……」って刺さった感じで。

「日々が楽しい。いろんなアイテムをゲットできるし、いろんな攻撃を覚えられるしっていう」

――そのロータスでの練習が週2で、あとはどこですか？

矢地　打撃のコーチでそれも週2か。リバーサルジム東京スタンドアウトっていうところでトレーナーをやっている宮川峻っていうトレーナーがいるんですけど、もともと俺とは高校と大学の同級生なんですよ。

――ああ、専修時代の同級生3人組のひとりの方ですね。

矢地　俺と佐藤天と宮川ですね。宮川もプロだったんですけど、3年くらい前に脳の持病みたいなのが発覚して引退しちゃったんですね。それからはパーソナルトレーナーをやっていて。それで俺がフリーになって練習場所もほしいし、たとえばミットを持ってもらう人を探していたときに「そういえば同級生でいるじゃん」と思って。いろいろ言いやすいだろうし、ちょっと聞いてみようと思って、それから宮川にミットを持ってもらい始めたんですよ。そうしたらトレーナーのセンスが抜群だなっていうことに気づいちゃって、そこでも「本格的にお願いしたい」と（笑）。

――ここ最近は開眼しまくりなわけですね（笑）。

矢地　これは俺のほうが勝手にそう思っているだけなのかもしれないけど、高校からの仲なのでアイツも俺に対する情熱みたいなものがあるっていうか。トレーナーとして凄く一生懸命に指導方法とか技術論を学んでくれていて、宮川自身もニックさん（永末〝ニック〟貴之）にも技術論とかを教わったり、俺の試合映像を観てもらって「いま、こんな感じなんです」っていうのでアドバイスをもらったりとか、それこそ宮川はニックさんにトレーナーとしてのパーソナルトレーニングを受けているっていう。とにかく俺を勝たせるために凄くがんばってくれているんですよね。やっぱり同級生だし、忖度なしで気をつかわないでズバズバと口うるさく言ってくれるし。っていうのでやっていたら、俺、どんどん強くなってきちゃって（笑）。

――アハハハハ。たしかに話を聞いているだけで「グングン強くなっているんだろうな」って気がしちゃいましたね（笑）。

矢地　アッハッハッハ！　それこそニックさんを通じて、（那須川）天心くんとか志朗くんの考え方だったり闘い方みたいなものを仕入れて、「彼らはこんなことを考えてやっているんだよ」とかそういうのも習ったりとかして。だから八隅さんや宮川の練習に俺も凄く手応えがあるし、だから真面目にやっているって感じで、そうしたらどんどん感覚的にもよくなってきているし、「格闘技をやるってこういうことだよね！」みたいな。

――素晴らしいですね。

矢地　だから打撃も思考をめぐらせて練習ができているし、それをスパーリングに落とし込めてるしっていう。片やMMAや寝技は八隅さんからも教わっているし。いまは武器やアイテムをいっぱいゲットして、レベルがどんどん上がっているイメージですね。だから「早く試合をしたい」っていうの

ORIONZ

ARTS

が俺の個人的な気持ち。「早く試したい」っていうか。

——そんな中で試合が1カ月の延期となったら、まだまだ武器が増えていっちゃうよっていう。それが冒頭でおっしゃっていた「やったぜ」という感覚ですね。

矢地　そうそう。「もっとできるじゃん」っていう。それこそ相手の対策ももっとできるし、さらに武器もゲットできるしっていう。だからラッキーぐらいに思ったし。

——あとは柔術ジムのIGLOO（イグルー）にも行かれていますよね？　あそこでは当然グラップリングですよね。

矢地　うん。青木（真也）さんとか住村（竜一朗）さん、それとIGLOOの選手たちと打ち込みをやって、スパーリングをやってみたいな。そこでわからないことを聞いてっていう感じでやっていますね。あとはロータスでも普通の寝技ね。プロの人たちが集まって寝技だけをやっている日もあるみたいな。

——その筋骨隆々の肉体も相まって、寝技師・矢地っていうのがなかなかイメージしづらいんですよね（笑）。

矢地　もともと俺はアマチュア時代は寝技師でしたからね。それでいまいろいろ教わって。IGLOOの岩本（健汰）さんとかめちゃめちゃ強いし、もう寝技の変態なんで、いろんなことを聞いて教えてもらっていて。そっちでも武器をいろいろゲットして。

——……矢地さん。なんか自分の試合を煽るのがうまいですよね（笑）。

矢地　アッハッハッハ！

——マジでめっちゃくちゃ試合が楽しみになってきましたよ（笑）。

矢地　煽るっていうんじゃなくて、これが俺のいまの現状であり、いまの気持ちをそのまま伝えています。それぐらい、いまは格闘技をやっているのが楽しい。

——すなわち、日々の生活が楽しいんですね。

矢地　そう、日々楽しい。いろんなアイテムをゲットできるし、いろんな攻撃を覚えられるしっていう。「これか！」みたいな（笑）。このときの技とか、このときの攻撃とか、「あっ、俺、全然やっていなかったんだ」みたいな。

——だから空っぽの壺があって、そこに最初に何を入れるかっていう。本当にいちばん大事なモノを最初に入れておかないと、あとから入れる余地がなくなってしまうよと。格闘家ならそれがフィジカルなのか、技術なのか、センスなのかわからないですけど、矢地さんの場合は、極論を言えばキャリアの前半はフィジカルだけでやってきていたわけじゃないですか。

矢地　まさにそうだと思う。

「俺は最近のファイターがSNSで煽る風潮に全然ノレないんですよ。普通に考えてもカッコよくなくないですか？」

——ここにきて、その壺にどれだけの余地があったんですか？

矢地　いや、フィジカルに関してはそれこそいままでもしっかりやってきて、ほぼ完璧にできているので、フィジカルという満タンの壺があって。それといまは技術を入れていくだけのもうひとつの壺があるって感じ（笑）。

——壺がふたつ！　その技術の壺のほうはこれまでずっと空っぽだったと（笑）。

矢地　だから「もう、どんどん入るな！」ってそんな状況で（笑）。フィジカルは満タン、こっちは空っぽみたいな。

——八隅さんも教え甲斐があるでしょうね（笑）。

矢地　ただ、ここにきて思ったのは、俺って運動は基本的になんでもできるし、教えられたことはすぐにできちゃうタイプだってずっと思っていたんですけど、最近、自分の覚えの悪さというか鈍臭さに気づいちゃったっていうか。教えられてもなかなかできなくて、もう何十回も聞くみたいな。「あれ、俺ってこんなに鈍臭かったっけ？」みたいな。そういう新しい自分に最近出会った（笑）。もう挫折しそうなくらいに「鈍臭えな……」って。そういう発見もありましたね。

——今回の対戦相手の川名選手がツイッターで「矢地が俺を選んだ」とつぶやいていたんですけど、矢地サイドからの指名っていうのは本当ですか？

矢地　はい。

——どうして川名選手だったんですか？

矢地　やっぱりライト級で結果を出していかなきゃいけない、いまは最下位どころか列にも並べていない、そこでRIZINに出ているライト級の選手で挙げていったときに、ってなるじゃないですか。たとえばいまは外国人選手と試合をすることは難しいし、ひと通り負けてしまっていると。それで日本人のライト級は4人いて、修斗（川名雄生）、パンクラス（久米鷹介）、DEEP（武田光司）のそれぞれのチャンピオンとあと北岡（悟）さん。北岡さんとは一度やってしまっていると。それで変な話、序列をつけたときに川名選手は武田選手に負けていると。

——その武田選手は久米選手にも勝っていて。

矢地　だったら久米選手か川名選手じゃないですか。

——現状、そこに勝っている武田選手に対戦要求はできないというか。

矢地　そんなおこがましいことはできないし。それで久米選手か川名選手となって、俺の意見とマネージャーの意見で川名選手を選んだんですよ。俺の古巣が修斗なので、国内のチャンピオンをひとりずつ倒していくとなったら、まずは修斗からかなって。本当に自分のいまの立場を置いておいて言ってるんですけど、もし選べるとしたら川名選手かなっていうことでアピールというか「やりたい」って。「最近の戦績は無視して言うけど」っていうのを踏まえつつですけどね。

――だから「指名」っていうのはたしかにおこがましいですよね。「川名選手とやりたい」っていう。

矢地 そうそう。「できればやりたいです」っていう。自分の立場はわかっています。だけど「できるなら絶対にやりたいです」っていう感じで（笑）。

――「いま凄いアイテムをたくさん身につけていて、ぜひリング上で観てほしいんです。なんならいまでもいいんですけど」って（笑）。

矢地 そういう感じ（笑）。でも川名選手はそんなことを言っていたんですか？ たしかにツイッターで凄い煽っているみたいですね。まあ、いいっスけど。

――でも悪くはない感じなんでしょうね。ちゃんと煽れているというか。

矢地 俺は最近のファイターがＳＮＳで煽る風潮に全然ノレないんですよね。

――それはますますじゃないですか。

矢地 ますますっスよ。なんなの、あのムーブメントは。普通に考えてもカッコよくなくないですか？ ＳＮＳで理論武装して、相手を貶めようとするわけじゃないですか。その姿を見て、一般の人はカッコいいなって思うのかなって。若者が「こういうふうになりたい」って思うのかなっていうのが凄く不思議でしょうがなくて。もちろん格闘技が強くて、実績もあれば、何を言ってもいい資格があるんだろうけど、ネットでもグチグチ言うのがあまりカッコいいと思えなくて。どうせ煽るなら正面切って煽り合ったほうがまだいいじゃないですか。それをＳＮＳでやり合うのがいま風なんだろうけど、なんかノレないなっていうのがあるんですよね。まあでも、そうやったほうがいいのかなとも思うけど（笑）。

――どっち（笑）。

矢地 まあ、やらないんだけど（笑）。ただ、こないだ俺はＹｏｕＴｕｂｅライブをやったんですけど、そこでそれに対するアンサーをして。俺のチャンネルだから俺のファンの人が観てくれていたんですけど、みんなはそうやって俺がワーワー言うのは嫌なんですって。「もうやめてください！」「そんな姿は見たくないです！」みたいな感じになって（笑）。だから俺の場合は結局煽ってもいいことがないんですよ。

――煽ってもいいことがない（笑）。だから、たとえば矢地さんのインスタとかで「チャリっていいよなあ。３台目がほし

TOKYO 2020

い」っていうのにはなんの含みもないってことですよね。ただただ3台目がほしいっていう（笑）。

矢地　そのままですよ（笑）。

――「いくつになってもパフェってテンションあがるよねっ」とか（笑）。

矢地　だって、あがるじゃないですか。

――そこで「川名がイチゴを嫌いなのを知ってて言ってるのか！」みたいなのはないんですよね（笑）。

矢地　そこまで深くはないッス（笑）。

「ここで矢地がもう1回いくっていうパターンをお見せします。もう1回主役となって『KAMINOGE』の表紙にもなる」

――あと、一部週刊誌で矢地さんと親しい関係者のコメントとして「矢地は次の試合で勝っても負けても長期の休みに入る予定」だと。

矢地　出た、それ。

――それは本当なんですか？

矢地　本当じゃないよ。俺も読んでビックリしたんですから（笑）。友達とかからも「えっ、長期休養ってどうしたの？」みたいなことをちらほら言われて、「えっ、なんのこと？」って聞いて知ったんですよ。そうしたら「ヤフーニュースに載ってたよ」みたいな。どんだけ適当な仕事をしてるんだよと思って、「何を言ってんの？」って感じだったんだけど、いろいろ考えたら怖くなってきちゃって。

――えっ、何が怖いんですか？

矢地　「これは予知ですか？」みたいな。「結果的に長期休養するハメに俺はなるの？」みたいな（笑）。

――アハハハ。予言の書（笑）。

矢地　「怖っ！」みたいな（笑）。マジでそんな話、どっから出てきたんですかね？　本当に誰が言ってるのかわかんない。それはちゃんと否定しなきゃなって思っていたの。そんな予定はないから、本当に。

――どんどん強くなっている中で、がっつり休みようなことはしないと（笑）。あれ、矢地さんはいくつになりました？

矢地　いま30。あさってが誕生日で31になるんですよ。

――えっ、まだそんな若いの!?

矢地　若くないじゃないですか。嘘でしょ、本当に言ってるんですか？　それっていうのはもっと上だと思ってたってこと？

――いや、32か33くらいかと思っていましたよ。

矢地　全然変わんないじゃないですか（笑）。

――いや、変わりますよ（笑）。キャリアを重ねていくうちに蓄積疲労みたいなのってないんですか？

矢地　いまのところはないかなあ。ただ、脳へのダメージ的なものは気になってはきている。毎試合、何かしら食らっているから大丈夫なのかなって。それと前回（大原樹里戦）と前々回（ホベルト・サトシ・ソウザ）の連戦もいま考えたらよくなかったよなって。1カ月半くらいのスパンで試合をやったけど、自分的にはサトシ戦ではあっという間にやられちゃってるから「いや、ダメージもないぜ」って思っていたんですけど、いま思うとやっぱりダメージは残っていたんだろうなって。そこらへんは気になってはきてるっスけど、そこまでの自覚症状もないしっていう感じですかね。身体は元気で、気になるとしたら頭のことだけ。

――じゃあ、現在の状態は、今日矢地さん本人が申告したままの感じで受け取っていいわけですね。絶好調だと。

矢地　うん。

――NEWヤッチくんが大阪でお披露目されるぞと。

矢地　って俺は思っているけど、ドキドキはしてるよね（笑）。

――強すぎて相手を殺めてしまうかもしれない？（笑）。

矢地　そういうドキドキじゃなくて（笑）。みんなが「矢地がいつもと違うぞ」っていうふうになるだろうと思っているから、それを想像するとワクワクしちゃう。

――「俺、スターになるんじゃない？」リターンズですね。

矢地　ここでね、矢地がもう1回いくっていうパターンをね、お見せします。そしてもう1回主役となって、『KAMINOGE』の表紙にもなると（笑）。

――なりましょう！

矢地　だから本音を言うと、川名選手はかわいそうだなと思う。まったくデータがないから。

――ああ、NEWヤッチくんの。

矢地　そう。いままでのイメージで試合に臨んでくれたほうが俺としてはラッキーですよね。でも、これまでとまったく違うっていうことはないだろうけど、とにかく新しいから。

――リングに上がってTシャツを脱いだら、めっちゃ墨が入ってるとかではないですよね？（笑）。

矢地　アッハッハッハ！　脱いだ瞬間に「矢地が変わったぞ！」と（笑）。

――背中に〝NEW〟って入っていて、「そういうこと？」みたいな（笑）。

矢地　〝BRAND NEW〟とかってね（笑）。でも本当に楽しみっスね。みんなにもマジで楽しみにしていてほしいっス。

矢地祐介（やち ゆうすけ）
1990年5月13日生まれ、東京都文京区出身。総合格闘家。フリー。
中学まで野球をやっていたが格闘家に憧れて卒業後にKILLER BEE（現・KRAZY BEE）に入門。2012年11月には修斗環太平洋ライト級王座を、2015年3月にはPXCフェザー王座をそれぞれ獲得する。RIZINには2016年12月29日の旗揚げより参戦し、ダロン・クルックシャンクや北岡悟、五味隆典といった強豪を撃破して破竹の5連勝を飾り一躍人気者となる。しかし2018年8月のルイス・グスタボ戦、同年12月31日のジェニー・ケース戦、2019年7月の朝倉未来戦で敗れ3連敗。同年12月29日『BELLATOR JAPAN』で上迫博仁を破って復活を遂げたかと思われたが、2020年8月のホベルト・サトシ・ソウザ戦、同年9月の大原樹理戦でふたたび連敗を喫してしまう。2021年6月27日の『RIZIN.29』で川名雄生と対戦することが決定している。

鈴木みのるのふたり言

第95回

初代タイガーマスク

構成・堀江ガンツ

——今回の『KAMINOGE』は佐山サトルさんに出てもらってるんですけど、今年4月で初代タイガーマスクのデビュー40周年なんですよ。

鈴木　すげーなー。あれから40年？

——時の流れの速さに驚かされますけど（笑）。鈴木さんは当時、もうプロレスファンだったんですよね？

鈴木　うん。でもその日はテレビで観ていないんだよ。剣道の練習かなんかに行ってたんじゃないかな？　よく憶えてないけど。

——タイガーマスクのデビュー戦は、1週遅れで録画放送されたんですよね。だからデビュー戦は1981年4月23日ですけど、5月1日放送なんですよ。

鈴木　そうだったんだ。俺はタイガーマスクのデビュー戦が放送されるのは知ってたんだけど、たまたま観られなくて。翌日、学校に行ったら大騒ぎになってたんだよね。「きのう観た？」「凄かったよね！」って言われて「何が？」って聞いたら「タイガーマスクだよ！」って言われて。「飛んだり、クルクル回ったり凄いんだよ！」って大騒ぎになってたね。

——当時は土曜日も午前中学校だったから、『ワールドプロレスリング』放送翌日は、その話題一色だったんですね。

鈴木　その話題に置いていかれたんで、俺も次からは絶対に見逃さないようにしたんだよ（笑）。中学1年のときだったね。まあ、タイガーマスクのデビュー戦っていうのは、のちに何度か観る機会があったけど、やっぱりあれは衝撃ですよ。すべてが新しいもん。

——それまで見たこともないオリジナルの動きだらけなんですよね。技だけでなく、ステップから何から。

鈴木　動きがやわらかいよね。俺、佐山さん本人に聞いたことがあるんだよ。「あのタイガーステップって、何をモチーフにしてるんですか？」って。そうしたら「モハメド・アリだ」って言ってたね。

——あー、たしかに。蝶のように舞うステップだったんですね。ということはモハメド・アリとブルース・リーを合体させた動きでもあったという。

鈴木　イギリス時代は、ブルース・リーの親戚かなんかって設定で、「サミー・リー」を名乗っていたわけだもんね。

——アリとブルース・リーの要素を天才・佐山サトルがやれば、そりゃ一世を風靡しますね（笑）。

鈴木　タイガーマスク自体、2年ちょっとしかやってないでしょ？　それが40年経っても語られてるって凄い話だよ。

——これだけ空中殺法が進化したいま観ても、やっぱりタイガーマスクの動きは決定的に何かが違うんですよね。

鈴木　違うね。いま、凄い動きをする選手はたくさんいるけど、タイガーマスクは動きが「せーの！」じゃないっていう。

——「せーの！」じゃないっていうのはわかりやすいですね。対戦相手と観客の虚をつくように技を出すから、凄くスリリングなんですよね。

鈴木　「せーの！」で動き出さないということは、繋ぎが速いんだよね。じつは鈴木みのるのプロレスもタイガーマスクから影響を受けているところがあって、いくつかいただいてる動きがあるんだよ。ただ誰にも気づかれない。気づかれなくていいの。そういうのはある。

——隠し味というか。

鈴木　そうだね。たぶん誰も真似しないようなことだよ。みんなが真似するのは、それこそタイガーステップであったり、ローリング・ソバットであったり、空中殺法であったり、ひと目で誰でもわかるような動きでしょ？　でも俺はそこを見てなかったんで。もっと別の細かいところにタイガーマスクの凄さの秘密があるなって気づいたから。

——たとえば、リストを取るだけでもちょっと違いますもんね。

鈴木　違う。だから身体の使い方だよね。もちろん、子どもの頃はそんな細かいところじゃなくて、華麗な空中殺法で興奮してたけどね。子どもの頃に観て衝撃だったのは、あれはたしかブラック・タイガーとの試合だったと思うんだけど、初めてムーンサルトみたいな技を出したんだよ。

——ラウンディング・ボディプレスですね。斜めに大きく旋回するムーンサルト。

鈴木　あれを観たとき、もの凄く感動をした。「なんだこれ!?」と思って。

——いま、ムーンサルトプレスを使う人はたくさんいますけど、あの技を使う人はいまだにほとんどいませんしね。

鈴木　やっぱり特別な存在なんだよ。

——タイガーマスクは1983年8月に突如引退して、翌年、ザ・タイガー、スーパー・タイガーとして第1次UWFで復帰しますけど。その頃は観てました？

鈴木　うん。俺はもう完全にUWFファンだったから。

——あっ、そうでしたか。

鈴木　UWFは最初テレビ放送がなかったけど、友達が「すげープロレスがある！」ってビデオを持ってきてさ。それを友達の家で観たんだよね。藤原喜明vsスーパー・タイガーだったと思うんだけど。

——おそらく「UWF実力ナンバーワン決定戦」というビデオですね。

鈴木　それで試合を観たらボコボコ蹴ってて「すげー」と思って。あと、やっぱりカッコよかったな。

――UWFの試合って地味に思われがちですけど、スーパー・タイガーの試合はエッジが効いているというか、緩急が鋭くて、スリリングでおもしろいんですよね。

鈴木　しかも、いまMMAと呼ばれるものの原型を、あの時点で佐山サトルが持ってるって凄くないですか？

――そうですよね。結局、佐山さんはUWFを、プロレスファンを格闘技方面に導くための装置として使って。あの第一次UWFがあったからこそ、キックや関節技への興味や理解も一気に深まりましたからね。

鈴木　シューティングを始めてからは、八角形のリングも佐山さんが最初でしょ？

――そうなんですよ。

鈴木　オープンフィンガーグローブもそうだし。最初はプラスチックのお面みたいなものを着けてたけど。

――スーパーセーフという顔面攻撃ありの空手で使っていたものですよね。

鈴木　最初はそのお面とかレガースもしていて。徐々にいらないものが削ぎ落とされて、いまの総合になったわけだもんね。その先進性はやっぱり凄いですよ。

――鈴木さんはプロレス入りしてから、佐山さんと関わる機会ってあったんですか？

鈴木　最初はぜんぜんなかったね。ただ、UWFから藤原組になって、（カール・）ゴッチさんと練習するようになって、ゴッチさんの口からよく聞く名前が佐山さんだったんだよ。

――そうだったんですか。どんなことを言ってたんですか？

鈴木　フロリダのゴッチさんの家に行って一緒にトレーニングをやってるとき、「サヤマはこれを3回やったぞ」とか「サヤマはこれができたぞ。おまえはできないのか？」って言われて、「クッソ、コノヤロー」って思いながらやってたよ。

――いちいち佐山さんと比べられて（笑）。

鈴木　そんな感じでゴッチさんはよく佐山さんの名前を出してたね。で、その後、パンクラスを作ってしばらくしてから、ウチの（尾崎）社長が「佐山さんに会ってくる」って言ってて。戻ってきたあと、「なんの話だったんですか？」って聞いたら、佐山さんに「パンクラスとだったら一緒にできる」と言われたらしいんだよね。

――その話、ボクも以前、尾崎さんに聞きましたけど、選手交流に向けていい話ができたらしいですね。

鈴木　まだ「修斗」じゃなくて「シューティング」の時代だよね。ところが、そうこうしているうちに佐山さんが辞めちゃったんだよ。

――パンクラスとの交流は、プロレスに対してアレルギーのある人たちの大反対にあって、立ち消えになったらしいですね。

鈴木　それでシューティングが修斗になって。その頃に山田学がパンクラスに移籍してきたんだよね。

――山田さんが来たのが先じゃないですかね。佐山さんが修斗を抜けたのはたしか1996年で、山田さんはパンクラス旗揚げ翌年、1994年のトーナメントから出てるので。

鈴木　じゃあ、山さんをこっちに移せるかってことで、シューティング側と会って話しているうちに佐山さんとウチの社長で交流の話になったんだね。だから、そのときも佐山さんと話したのはウチの社長だから、俺は会いそうで会ってないんだよね。

――じゃあ、鈴木さんが佐山さんと会うのはプロレスに復帰してからですか？

鈴木　そうだね。リアルジャパンからオファーが来たときが最初じゃないかな。

――鈴木さんが全日本プロレスを主戦場にしていた頃ですよね。

鈴木　うん。だから15年くらい前じゃないかな（2006年に初対決）。シングルマッチも何度かやらせてもらって。そうこうしてるうちに佐山さんが「鈴木くん、鈴木くん」ってなんかあるたびに呼んでくれるようになって。

――そんな試合以外の交流もあったんですね。

鈴木　それこそ真樹日佐夫さんはもともと共通の知り合いだったし。佐山さんから電話がかかってきて、「真樹先生が『鈴木を呼んでこい』って言ってるから来て」って言われたり。あとは藤原敏男さんと佐山さんと俺の3人で銀座に飲みに行ったことがあるよ（笑）。

――鈴木さんと藤原先生とのつながりってあったんですか？

鈴木　藤原喜明さんを通じて。

――あっ、そうか。仲がいいですもんね、同郷で。

鈴木　藤原敏男さんとは、リアルジャパンに出るようになってからそういう付き合いもできて。あの年代の人ってなんか俺をかわいがってくれるんだよね。藤原敏男さん、真樹日佐夫さん、黒崎（健時）先生もそうだし。藤原さんくらいの年代の人たちが「鈴木、鈴木」っておもしろがってくれてたね。不思議だよ。オジサンにモテるんだよ（笑）。なんだろ、生意気な小僧だからかな？

――同じ系譜にある人間というか、「俺たちの末裔」みたいな感じなんじゃないですか？（笑）。

鈴木　あっ、そうなのか（笑）。

――それにしても、タイガーマスクとしてプロレスで一世を風靡した人が、総合格闘技を作ったというのは本当に凄いですよね。

鈴木　意味わかんないよね。理解不能だな。

――だからこそ、佐山さんは長らく理解されなかった部分があって。

鈴木　たぶん、いまも理解されてないんじゃないの？（笑）。

――まあ、普通の人には理解されないからこそ天才なのかもしれないですね。

鈴木　凄いよねえ。初期のシューティングの選手、山田学とかも含めて苦労しただろうなあ（笑）。だって言ってることがわからないもん。

――天才の言うことはなかなか理解できないという（笑）。

鈴木　佐山さんの中ではわかってることだけど、みんなにはわからないから。「なんでこれができないの？　こうじゃん！」って言われても、みんなポカーンだと思うよね。先生と生徒っていうこと以前に、持っていたものや知識がまったく違うわけであってさ。俺が佐山さんと話をして、佐山さんの言ってることが理解できるのは、共通の人たちと別ルートで知り合ってて、そういう共通の下地があるから、佐山さんの言わんとしていることがわかる。でも、それがない人は直接聞いても意味がわからないと思うよ。

――ほかの人はベースの知識がないわけですもんね。

鈴木　だからこそ、佐山さんが孤立した部分もあると思うんだけど。研究者みたいなところがあるから、佐山さん自身はそれでいいんだろうな。いずれにしても、あんな人はもう二度と出てこないよ。

プロレスがわかれば世の中が、
そして世界が見えてくる。

斎藤文彦×プチ鹿島

プロレス社会学のススメ

活字と映像の隙間から考察する

撮影：タイコウクニヨシ　写真：　司会・構成：堀江ガンツ

第14回

〝企業プロレス〟全盛のいまこそWCWの歴史を紐解く

現在、日本のプロレス界は〝企業プロレス〟が全盛を迎えつつある。業界のトップを走る新日本プロレスとスターダムはブシロードを親会社に持ち、それを追う形のプロレスリング・ノア、DDT、東京女子プロレスなどを擁するサイバーファイトの親会社はサイバーエージェントだ。

だが90年代にメガネスーパーが新規設立したプロレス団体SWSは、その莫大な資金力を持ちながらわずか2年でその活動に終止符を打った。ほぼ同時期にアメリカでは、かのnWoブームを巻き起こし、一時はWWEと競い合うほどの勢力を誇ったWCWもまた〝テレビ王〟テッド・ターナー傘下の世界最大の〝企業プロレス〟だったが、やはりWWEとの抗争に敗れていったのだった。

「NWAクロケット・プロモーションが経営困難になり、テッド・ターナーに団体ごと買ってもらってスタートしたのがWCWです」（斎藤）

――ちょっと前の話になってしまいますけど、今年4月のレッスルマニアで、エリック・ビショフがWWE殿堂入りを果たしましたよね。

鹿島　あれはちょっとビックリしました。エリック・ビショフというと、90年代のWWEとWCWがいちばん競い合っていたときにnWoブームを巻き起こした、ビンス・マクマホンの仇敵みたいなイメージがあったので。それが殿堂に迎え入れられるんだって。

斎藤　WWEがあの闘いに勝利したからこその殿堂入りなんでしょうけどね。

鹿島　そりゃそうですね（笑）。

斎藤　エリック・ビショフは、新日本プロレスと業務提携していた時代のWCWの副社長。日本では活字的に「WCW社長」ということで報道されていましたが、社長だったことは1回もなくて、社長にはハービー・シェラーさんといってターナー・ブロードキャスティング・グループの顧問弁護士が登記されていた。要するにWCWというのは、〝テレビ王〟テッド・ターナー

の数あるグループ企業の中の一部のさらに傘下の法人だった。TBS（ターナー・ブロードキャスティング・システム）というテレビ会社の「プロレス事業部」みたいなものだから、その現場担当のトップということで、ビショフに執行副社長という肩書きがついていたんです。

――いまの日本で言うと、サイバーエージェントグループ傘下のサイバーファイトの代表である、高木三四郎大社長みたいなものですね（笑）。

斎藤　企業プロレスですね。だから時代的に言えば、90年代初頭に誕生して2年ちょっとで終わってしまったSWSに近い。

鹿島　メガネスーパーという企業がバックについて、選手を引き抜いて大きくなったという。

斎藤　SWSは「企業スポンサードという形でプロレス団体が発足したらどうなるか」っていう実験みたいなものだったじゃないですか。WCWもそれと非常に似ているんです。

――いまの日本のプロレス界は、ブシロードを親会社に持つ新日本プロレスとスターダムが業界のトップを走り、サイバーエージェントを親会社に持ち、ノア、DDT、東京女子プロレスなどを擁するサイバーファイトがそれを追うような形で、いわば企業プロレスが全盛を迎えつつあるじゃないですか。なので今回はあらためて世界最大の企業プロレスであった「WCWとはなんだったのか？」というテーマで話していけたらと思います。

鹿島　WCWというのは、NWAが90年代に入って名称変更して誕生したようなイメージがあるんですけど、そもそもどのようにして生まれたんですか？

斎藤　じつはWCWは90年代に入る前、1988年11月に誕生しているんです。今年3月に亡くなったジム・クロケット・ジュニアの団体、NWAクロケット・プロモーションが経営困難になって、テッド・ターナーに団体ごと買ってもらってスタートしたんです。

鹿島　ジム・クロケット・ジュニアというと、80年代半ば、漫画『プロレス・スターウォーズ』でアメリカンプロレスのボスとして登場しますけど、1988年にはもう身売りしていたんですね（笑）。

斎藤　だからWCWの前身はNWAクロケット・プロモーション。本拠地はミッドアトランティック地区と呼ばれる大西洋岸エリアで、もともとは1930年代からあった団体なんです。

――そんなに前から存在したんですか。当時はNWA加盟団体のひとつとして？

斎藤　いや、NWA発足は1948年なので、NWAさえない時代ですね。1930年代に先代のジム・クロケット・シニアが興行をやっていた頃は、ニューヨークにジャック・カーリーという大物プロモーターがいて、統一世界王者が〝黄金のギリシャ人〟ジム・ロンドスの時代。ジム・ロンドスは30年代のハルク・ホーガンみたいな人で、この人が出ればアメリカのどこの街でも1万人は動員しちゃうっていうくらいのスーパースターだった。

鹿島　まだテレビすらない〝戦前〟にそれは凄いですね。

斎藤　アメリカのプロレス史でいうと、〝始祖〟であるフランク・ゴッチ、ジョージ・ハッケンシュミットの時代のあと、第一次世界大戦後の好景気の中、エド・ストラングラー・ルイス、ジョー・ステッカー、スタニスラウス・ズビスコらが活躍した狂乱の1920年代があって。その後、20年代の終わりから30年代にかけて、アメリカじゅうのプロモーターが世界統一王者として認めていたエド・ストラングラー・ルイスではなく、ジム・ロンドスを統一世界王者として担いだほうの別派の大きなプロモーターグループのひとりが、ジム・クロケット・シニアだったんです。

——世界史のような話ですね（笑）。

斎藤　その後、1948年にサム・マソニック一派がNWAを作るんですけど、それがだんだん同業者の組合みたいになっていって、ジム・クロケット・シニアもNWAに加盟するんです。

——80年代にNWAが全米のプロモーションをつなぐ連盟として機能しなくなり、NWAクロケット・プロモーションという〝団体〟に一本化されたのは、どういう経緯があったんですか？

斎藤　まず、1984年体制のWWEによる全米侵攻作戦によって、NWA加盟のローカル団体がどんどん潰れていったんです。月に一度、NWAのオールスターが集まっていたセントルイスのキール・オーデトリアム定期戦がWWEにとって代わられた。ザ・シークのデトロイト、ディック・ザ・ブルーザーのミネアポリスなどが次々と潰れた。

鹿島　〝NWAの総本山〟も陥落したと。

斎藤　そうやってNWA系の団体がどんどん潰れていく中、生き残っていたクロケット・プロが、立ちいかなくなった全米各地のNWA系団体を吸収という形で買っていったんです。

——コンビニが大きくなるみたいな感じですね。ローカルのコンビニをどんどん買収していって、すべてローソンに鞍替えするみたいな（笑）。

鹿島　コンビニにたとえるとわかりやすいですね（笑）。

斎藤　それからビル・ワットのNSWAミッドサウス、のちにアメリカ版UWFと名前を変えた団体があるんですけど。

——スティーブ・ウィリアムスがいたところですね。

斎藤　そうです。ルイジアナやミシシッピ、オクラホマとかディープサウスを4州ぐらいにまたがっていた大きなテリトリーで、そこもクロケットがビル・ワットから買い上げた。それで気がついたら、1987年の時点で昔のNWAぐらいの大きさになっちゃっていたわけです。

鹿島　弱っていた団体を買い上げていったら、テリトリーの規模としては1団体でNWAぐらいになっちゃったんですね（笑）。

斎藤　NWA世界ヘビー級王者リック・フレアーはクロケット・プロと専属契約。クロケット・ジュニアが買い上げた団体には、ビル・ワットのところにまだルーキーだったスティングやリック・スタイナーがいて、フロリダからレックス・ルガーやマグナムTAらが加入。けっこうタレントもそろった大きな団体になったんです。

「クロケット・プロという団体としてなんとか残っていたNWAが、ターナーに買収されることでついに消滅したんですね」（鹿島）

——規模とタレントの数では、WWEに次

ぐ〝メジャー〟になっていたわけですね。

斎藤　〝1984体制〟でWWEはアトランタに資本投入して、ジョージアの興行権とテレビ放送枠を買収しました。ターナー系のチャンネルで土曜の夕方に放送されていたプロレス番組が、中身だけWWEに鞍替えされた〝ブラック・サタデー〟という事件があったんです。

鹿島　地元のプロレスを放送する枠だったはずが、全国区のWWEの番組に替わっちゃっていたわけですね。

斎藤　そのとき、アトランタが地元のテッド・ターナーがそれに怒って、「せめてアトランタでテレビ収録してくれないか」ってビンスに言ったんだけど、ビンスはそれを聞かなかった。ニューヨーカーのビンスからすると、アトランタは南部の地方都市って言いたいんだろうけど、アトランタの人たちにすればMLBもある、NFLもある、オリンピックもやったし、コカ・コーラ発祥の地でもあり、誇りと愛着があるわけです。それでターナーは「だったら買い戻す」ということで、事実上NWA本隊となったクロケット・プロがアトランタのプロレス番組を制作することとなった。その番組名が「ワールド・チャンピオンシップ・レスリング」、つまりWCWですよ。

鹿島　WCWはもともと番組名だったわけですね。

斎藤　それで伝統的な土曜夕方の時間帯にNWAクロケット・プロの番組がWCWとして放送されるようになったんだけど、その頃にはすでに会社の経営状態としてはパンク寸前だったんです。でもメンバー的には、リック・フレアー、ダスティ・ローデス、ロード・ウォリアーズ、レックス・ルガー、バリー・ウィンダム、ロックンロール・エキスプレス、ミッドナイト・エキスプレス、ラシアンズなど、全米ツアーをやるだけの層の厚い陣容ではあったんです。

鹿島　素晴らしいメンバーでしたよね。

斎藤　だけど、ここがWWEの頭のいいところというかズルいところなんだけど、「眼中にない」と言いつつも1987年には経営が火の車のNWAクロケット・プロが放つ年間最大のPPV大会「スターケード」の同日同時刻にPPV大会をぶつけてきた。そうして生まれたのが「サバイバー・シリーズ」だった。

鹿島　「サバイバー・シリーズ」はもともと「スターケード」潰しのための特番だったんですね。

斎藤　そのとき、WWEはNWAクロケット・プロのPPVの放映契約している各州のケーブルカンパニーとプロバイダーに「もうWWEとは契約できなくなりますよ」との通告を出したんです。そうしたら全米のケーブルカンパニーとプロバイダーが2社を残してすべてWWEについてしまった。もうNWAクロケット・プロは、やる前から負けちゃっていたんです。

――第1回レッスルマニア以降、PPVのドル箱になっていたWWEと、NWAクロケット・プロを比べたら、みんなWWEについちゃったわけですね。

斎藤　それでNWAクロケット・プロは、わずか1年間で何千万ドルという負債を抱えて、1988年11月にテッド・ターナーのTBSに身売りしたわけです。そして新法人としてワールド・チャンピオンシップ・レスリング、つまりWCWが新たに発足して、NWAは事実上なくなったわけですね。

鹿島　NWAという連盟はその前になくなっていたけど、クロケット・プロという団体としてなんとか残っていたNWAが、ターナーに買収されることでなくなったと。

斎藤　1984体制後、プロレスのビジネスモデルが変わってしまったんです。それでWCW発足時のエグゼクティブ、つまり現場のボスは、日本にも一度来たジム・ハード。この人がまたいっぱい食わせ者で。

鹿島　そうだったんですか!?

斎藤　長髪だったリック・フレアーに髪を切らせて、「おまえの新しいリングネームはスパルタカスね」とか言い出したり。要するに何もわかっていなかった。もともとはセントルイス出身だっていうことで推薦を受けたんだけど、ピザハットのフランチャイズをやっていた人です。無理でしょ。

――〝NWAの総本山〟セントルイス出身だから、プロレスのことはわかるだろうっていう。雑ですね（笑）。

斎藤　それでジム・ハードとリック・フレアーは1990年に大喧嘩して、フレアーがベルトを腰に巻いたままWWEに移籍しちゃうという事件が起きた。

鹿島　フレアーのWWE移籍って、そういう理由だったんですか（笑）。

斎藤　そのジム・ハードのあと、キップ・フライという弁護士がボスになったんだけど、彼はプロレスファンというだけでプロレスビジネスは素人だったからまたダメで。その後、オレイ・アンダーソン、ビル・ワットらが現場のボスになったんだけど、ターナー側に「レスラー出身はダメ！」って言われて。そのときにすーっと横から入って行って「自分ができます」って手を挙げたのが、当時三番手の実況アナウンサーだったエリック・ビショフでした。

――ビショフってアナウンサーだったんですか。そもそものアナウンサー姿を観たことがないですよ（笑）。

斎藤　そうでしょ？　もともと彼は崩壊しそうだった時期のAWAでアルバイトをしていたんです。

鹿島　吉野家でバイトしていたら社長になっちゃった、みたいな感じですね（笑）。

斎藤　会議とかでプレゼンがうまい人っているでしょ。テッド・ターナーが会議で「なぜ私たちはWWEに勝てないのか？　資金でも人員でもテレビ番組でも負けていないのに」って言ったとき、エリック・ビショフが「WWEはプライムタイムに番組を持っています。しかしWCWにはない。そこの差です」と進言した。実際、1993年にはもうWWEの『マンデー・ナイト・ロウ』が始まっていて、月曜夜のプライムタイムに毎週放送していた。一方、テッド・ターナーのTBSは、土曜夕方6時5分という、アトランタで昔からプロレスを放送していた伝統の枠で放送していたんだけど。「だったら『ロウ』にぶつけてみよう」っていう話になって、1995年9月からTNTで『ロウ』と同日同時刻の月曜夜9～11時枠で『マンデー・ナイトロ』が始まったんです。

「ホーガンを筆頭に80年代後半にWWEで活躍した選手たちがみんなWCWに来た。そこでは選手の言い値で契約したという背景がある」（斎藤）

鹿島　あれは凄かったなー。「なんだこれ!?」って思いましたよ。名前までほぼ同じっていう（笑）。あれは言語的に違いがあるんですか？
斎藤　ロウは〝生〟っていう意味だから、『マンデー・ナイト・ロウ』は、ニュアンス的に「月曜夜の生放送プロレス」みたいな感じ。
鹿島　『朝まで生テレビ』的な（笑）。
斎藤　それで『ナイトロ』のほうは、ターナー系の番組にはいろいろ〝ナイトロ〟って付く名称があったんですね。要するにニトロエンジンのニトロですね。
──つまり「月曜ダイナマイト！」みたいな意味合いなんですね。語呂だけ合わせて（笑）。
鹿島　いや〜、無理やり感が凄いですね（笑）。
斎藤　名前は語呂合わせで、ほぼ盗作ですもんね（笑）。ただ、それによって月曜夜のプライムタイムに両団体がぶつかり合うっていうことで、テレビ業界でも「いまアメリカではプロレスがブーム！」ってことになっちゃったわけですよ。
鹿島　まさに『8時だョ！全員集合』vs『オレたちひょうきん族』みたいなことですよね。
斎藤　そういうことですね。一般のテレビ視聴者が観たら同じようなテレビ番組なわけですよ。同じような入場ゲートがあって、花火がドッカンドッカンあがっていて。
鹿島　日本で2000年代の大晦日、どこのチャンネルを観ても格闘技をやっていて、一般の人にはPRIDEも『Dynamite!!』も『猪木ボンバイエ』も違いがわからない、みたいなものですね。
斎藤　それでホーガンはWWEを離脱して、1994年6月にWCWと新しく契約を結ぶんだけど、その前の1年間はワンクッションとして新日本に来ていたんです。
鹿島　ああ、福岡ドームのグレート・ムタvsホーガンとかありましたよね。
斎藤　そのとき、ちょうど新日本がWCWと業務提携していたので、ホーガンは新日本に上がりながらWCW側と交渉していた。それでターナー側から見ると「エリック・ビショフがホーガンを獲得してくれた」となったわけです。でも本当はビショフに特別な交渉能力があったかどうかは定かではなく、当時、ホーガンはWWEのベルトは

巻いていたけど、立場的にはフリーエージェントで、WWEとも新日本ともWCWとも対等に契約交渉ができた。その中で最終的にいちばん高いギャラを出したのがWCWだったということなのでしょう。

鹿島 でも、そのときにたまたまWCWの現場責任者だったビショフが「大仕事を成し遂げた」ということになって、より力を持ったわけですね。

斎藤 そういうことです。そしてホーガンがWCW移籍後、80年代後半にWWEで活躍した同世代の選手たちもみんなWCWに来ちゃったんですよ。ランディ・サベージやロディ・パイパー、テッド・デビアスとかカート・ヘニングとか。エリック・ビショフも自分のお金じゃないもんだから、どんどん言い値で契約しちゃったという背景もあった。

――まさにSWSですね。「天龍を獲得できたから、とりあえず獲れる人はみんな獲れ」みたいな（笑）。

斎藤 本当にそんな感じで。でも黄色いタイツのままWCWに移籍したホーガンは、じつは人気が下降していたんです。サベージやアースクエイクと試合をしても、80年代のWWEの再放送に見えて。

鹿島 90年代に、ものまね四天王のコロッケがフジテレビから日テレに行くみたいな感じですね。80年代にドル箱だったフジの『ものまね王座決定戦』のメンバーを引き抜いたけど、ちょっと古いみたいな（笑）。

――たしかにそうですね。コロッケがホーガンみたいな（笑）。

鹿島 コロッケ＝ホーガン説（笑）。

斎藤 でもプロデューサーからすると、既製品のほうが安心感があるんでしょう。WCWはTBSの一部門だから「ホーガンとそのグループでそのまんまの放送をすれば大丈夫だろう」というテレビ的な発想だったんです。

鹿島 また、お金があるからビッグネームに頼っちゃったんでしょうね。

斎藤 そしてSWSがそうだったように、レスラーたちは〝プロレスのいちばん重要なこと〟をエグゼクティブには教えなかった。そうすることでビジネスを守ったという見方も成立しますが。そして、そういう状況の中でWCWの選手たちのモチベーションは凄く低かったんです。ギャラは高いのに、選手を大量に獲得したため、試合は月に1～2回とかになって。TVテーピングに来ても「あー、今週も俺は試合ねえわ」って、毎週小切手をもらうだけという。

――なんだかWCWの選手たちが、みんな高野俊二に見えてきますね（笑）。

鹿島 体格と才能に恵まれているのにラクを覚えてしまって（笑）。

斎藤 そういう上の選手たちの姿を見て、日本的な表現を用いるならば〝冷や飯を食わされていた〟若手のエディ・ゲレロ、クリス・ベンワー、レイ・ミステリオ、クリス・ジェリコたちは「ああいうふうにはなりたくないね」って、みんなで話し合っていたんです。

――のちに大ブレイクする当時WCWクルーザー級にいた選手たちは、そう思っていたんですね。

斎藤 空気がよどんだWCWのバックステージを見ちゃったこともあって、やがて彼らは一本釣りのネゴシエーションでWWEに移籍していくんです。結局、黄色いタイツのまま80年代の再放送みたいなことをやっていたホーガンはあまり人気がなくて、大逆転が起きたのは翌1996年7月のnWoからなんです。

「WCWとnWoの抗争の元ネタが新日本vsUインターって、あの対抗戦はアメリカにも大きな影響を与えていたんですね」（鹿島）

鹿島　けっこう、あとになってからなんですね。

斎藤　じつは「月曜のテレビ戦争」が始まってから1年、ホーガンのWCW遺跡から2年が経っているんです。そしてnWoの何が凄かったかと言うと、ホーガンがスーパースターになってから初めて、黒いコスチュームでヒールをやったからなんですね。

鹿島　絶対的なベビーフェイスのホーガンがあれをやるのというのは、インパクトがありましたね。

斎藤　PPV〝バッシュ・アット・ザ・ビーチ〟のタッグマッチで、マッチョマンがナッシュ&ホールにやられているところでホーガンが出てきて、ファンは「マッチョマンを助けに来た」と思ったんだけど、ホーガンはナッシュ&ホールに加勢して3人でマッチョマンを袋叩きにしたんです。それで「俺たちがnWo（ニュー・ワールド・オーダー＝新世界秩序）だ！」と初めてヒールに転向して、それが大ブームになったんです。

――nWoがそこまで一大ムーブメントになったのは、やはりホーガンのヒール転向という斬新さとインパクトからだったんですか？

斎藤　もちろん、それも大きな理由のひとつなんですけど、nWoは単なるヒールのユニットではなく、WCWという会社自体と敵対する〝新団体〟というストーリーラインにしたんですね。そしてWCW本体から選手をどんどん引き抜いていって、巨大化していった。

鹿島　単なるヒール軍vsベビーフェイス軍ではなく、リアリティを生んだわけですね。

――新日本に維新軍（革命軍）が誕生したとき、長州力とアニマル浜口がアングル上で新日本を退団して、フリー契約として参戦するようになったのに似てますね。

斎藤　まさにそういう感じです。そしてWCWとnWoの抗争には元ネタがあって、それが新日本vsUインターなんです。

鹿島　え〜っ！　そうなんですか!?　そのあたり、詳しく聞かせてください。

斎藤　新日本とWCWが提携していた頃、エリック・ビショフが新日本vsUインターの武藤敬司vs髙田延彦を目撃して、「なんでこれがそんなに凄い話なの？」って不思議に思ったらしいんですよ。そのとき、「これは違うカンパニー同士によるシリアスな闘いで、負けたほうのカンパニーが本当になくなる。ファンもそれを信じているから、これだけ本気になっているんだ」という説明を受けて、「これだ！」と思ったんでしょうね。だからnWoをWCW内のヒールユニットではなく「新団体」ということにしたんです。

鹿島　なるほど〜。新日本vsUインターは、日本だけでなくアメリカマットにも大きな影響を与えていたんですね。

――そのnWoの大ブレイクにより、一時はWCWが天下を獲りそうになりながら、どうして急激に落ちていってしまったんですか？

斎藤　nWo人気もあって、WCWの『ナイトロ』は1996年6月から1998年4月まで83週連続で『ロウ』の視聴率を上回ったんですけど、落ちるのも早かったんです。それでWCWは起死回生の策として、今度はレスラーではなく『ロウ』の放送作家だったビンス・ルッソーを引き抜いたんです。

――タレントだけでなく、放送作家も引き抜くっていうのが、いかにもテレビの発想ですね。

斎藤　1997年の「モントリオール事件」により、いわゆるプロレスの裏側が明らかになってきたとき、一部で「ビンス・マクマホンの最大の秘密」と言われたのが、じつはビンス・ルッソーだったんです。当時、『ロウ』が視聴率で盛り返していたんですけど、「ビンス・マクマホンとストーンコールドの対立、ディーバのお色気路線やおもしろい企画は、全部ビンス・ルッソーが考えているらしいよ」ということになって。

鹿島　ビンスはビンスでも、WWEの本当の頭脳はビンス・ルッソーなんだと。

斎藤　でも、ボクもテレビ番組の制作チームにいたことがあるからわかりますけど、番組付きの放送作家って身分が低いんですよね。どんなにたくさんのネタを書いていっても、会議の席でディレクターがさっと読んで「なんだこれ、つまんない」って5秒でボツにされるみたいな。で、その上にはプロデューサーが、局P、制作のクリエイティブP、事務に近いマネージメントPとか何人もいたりして。

――『8時だョ！全員集合』でも、作家が書いたコント台本はいかりや長介がほとんどボツにしたって言われていますもんね（笑）。

斎藤　ビンス・ルッソーは『ロウ』の放送作家チームの中では凄く活躍したほうかもしれないけれど、彼が全部プロデュースしていたわけじゃない。でもWCWは「ルッソーさえ連れてくれれば、番組ごともらったも同然」だと思ってしまった。でもそれは全然違ったんですよね。

鹿島　それもおもしろいですね。さっきのエリック・ビショフが成り上がる様とちょっと似ていて。

斎藤　実際、ビンス・ルッソーがWCWに来たとき、エリック・ビショフは「これで俺たちが天下を獲った！」って手を取り合ったんだけど、すぐに仲間割れをし始めた。ビンス・ルッソーはエリック・ビショフの悪口を言い始めるし、エリック・ビショフは「アイツ、呼んでみたら全然ダメじゃん」ってコキおろすようになって。

鹿島　お互いにかなり吹いて成り上がったというか。吹いた者同士、ちょっと盛った者同士、「アイツは使えねえ」って言い合っていたわけですね（笑）。

斎藤　また、ビンス・ルッソー自身もかなり増長して、「これからは俺が仕切るんだから、ホーガンにだって何も言わせねえよ」って感じでホーガンにも平気で物申し始めたんです。でもホーガンからしたら、「誰だ、おまえ？」ってことで。

鹿島　顔じゃないですよね。

斎藤　そう、顔じゃない。作家ではあるけど、プロレスの中身に関しては当事者ではないわけだから。それでホーガンやフレアーと大喧嘩して、スティングらも含めて、ビッグネームがほとんどボイコット状態になって番組収録に来なくなっちゃった。

鹿島　士気がどんどん下がっていったわけですね。

斎藤　2000年にグレート・ムタが1年間だけWCWに行ったとき、参戦して半年後の夏だかにアメリカで武藤さんに話を聞いたら、「このカンパニーはどう見ても潰れるしかねえよ」って言っていましたからね。

「プロレスの場合、どんなに豊富な資金があっても、それがかならずしも勝利を意味するものではない」（斎藤）

鹿島　落ちるには落ちるなりの理由があるってことですね。

斎藤　しかもその頃には、WCWは月に100万ドル以上の赤字を出していたんですね。それが1年以上続いちゃって。結局、『ナイトロ』の番組を切ろうって言い出したのはテッド・ターナーでなく、新しく編成で異動してきていたプロデューサーだったんですよ。彼が「局のイメージに合わない」っていうことで打ち切りを決めて、2001年の春をもってプロレス番組を全部切っちゃったんです。

――編成が変わったことで長寿番組が終わるっていうのは、日本のテレビ局でもよくあることですよね。

斎藤　それで番組がなくなったことで、TBSのプロレス事業部でもあったWCWそのものが自動的に崩壊してしまったんです。

鹿島　最後は結局、WWEに買収されたんですよね？

斎藤　そうですね。エリック・ビショフが新しいスポンサーを連れてきて、テッド・ターナーに「WCWだけ売ってください」って言ったんだけど、「おまえには売らない」って断られて。それでビンス・マクマホンはWCWをたった100万ドルちょっとで買っているわけです。

――WCW末期の1カ月の赤字とほぼ同額（笑）。

斎藤　しかも所属選手たちの契約は買わないで、アーカイブと知的所有権を保有できるネーミングやTM（トレードマーク）っていうものだけを押さえてしまったと。

鹿島　必要なものだけを買ったわけですね。

斎藤　それでフレアー、ホーガン、ナッシュたちはビンスと個別に交渉して、それぞれ別々のタイミングでWWEに戻ったわけです。WCWって結局、ゴールドバーグくらいしか新しいスターを作っていないんです。旧NWAの流れを汲むフレアーやスティング、あとはWWEから高いカネで獲ってきた移籍組がほとんどでしたから。

鹿島　大物を高いカネで獲ってくるだけで、自前の選手を育てないって。プロ野球とか他のスポーツのチーム編成で考えても、いちばんダメなパターンですよね（笑）。

斎藤　エリック・ビショフは、WCW時代のクリス・ベンワー、エディ・ゲレロ、レイ・ミステリオ、クリス・ジェリコあたりを理不尽なくらい過小評価してました。つまり彼は既製品には鼻が利くんだけど、これからブレイクする新しい才能を見抜く力がなかったということなのでしょう。

鹿島　本来、いちばん必要な要素が抜け落ちていたわけですね。

斎藤　それこそ、プロレスのセンスに関する根本的な議論がもっとあってよかったと思うんですよね。しかも、ソフトウェア（選手、試合）とハードウェア（興行、営業）の真ん中に立つプロデューサーとして、大物選手獲得のための予算を湯水のように使ってしまって。結局、WCWはTBSの赤字部門になってしまったわけですから。だから、これが今日のいちばん大切なテーマかもしれないけど、プロレスの場合、「どんなに豊富な資金があっても、それがかならずしも勝利を意味するものではない」ということですよ。

鹿島　プロレスファンは、SWSやWCWを通じて、それを実感として勉強できましたね。

斎藤　資金で言えば、″テレビ王″テッド・ターナーのカンパニーのほうがWWEよりも豊富にあったでしょう。ビンスがいくら凄いといっても、それは「プロレス業界の中では」というカッコ付き。業界内で″帝国″と呼ばれるようなところでも、馬場さん夫妻の全日本にしても、バーン・ガニアのAWAにしても、フリッツ・フォン・エリック、ザ・シークにしても、みんな家族経営。マクマホン一家は、そんなファミリービジネスの中でいちばん大きい何百億円企業というだけで、単純に会社の規模や資金力で言えば、ターナーのグループ企業とは比べものにならないわけです。

鹿島　WWEのライバル、WCWはグループの一部門なわけですもんね。

斎藤　エリック・ビショフがみんなにおだてられて、親会社の経費をじゃんじゃん使うことができたWCWよりも、ビンスが真剣に考えて身銭を切ってプロデュースし続けたWWEのほうが、最後は圧倒的にファンの支持を得たんです。

鹿島　ボクらの知るかぎり、プロレスの歴史って日米ともにそうですよね。

——SWSが出てきたときも、資金力で言ったらメガネスーパーに全日本が勝てるわけがないですもんね。全日本はカブキさんがいまでもネタにするくらい、所属日本人選手に対してシブ賃だったのに（笑）。

斎藤　かといって、お金をこれまでより多く出してくれることがわかりきっているSWSに、凄くいい選手たちが移籍したかというと、かならずしもそうでなかった。

鹿島　そうなんですよね。お金も選手も、どう使うかが重要という話になるんですけど。

斎藤　もし天龍さんが少数精鋭で始めて、時間はかかるけどSWS育ちのスターが育っていったら、ああいう形にならず、UWF的な信者を生んだかもしれない。逆に、もし天龍さんの全日本離脱がなければ、三沢タイガーがマスクを脱ぐタイミングも遅れて、全日本のトップグループが一気に若返ることもなかったかもしれない。

鹿島　全日本は選手大量離脱があったからこそ、若い選手たちに期待が集まったし。超世代軍の選手たち自身、責任感が増して一気に化けましたからね。スター選手が抜けると、団体も変わらざるをえないし、それがチャンスだったりするわけですよね。

——もしSWSがなかったら、90年代の全日本人気はなかったでしょうからね。だからプロレスが難しいのは、トップが抜けないと本当の意味で新しいスターってなかなか生まれないという。

斎藤　新日本の闘魂三銃士も、猪木さんが参議院議員になって、藤波さんが腰のケガで長期欠場して、前田日明、髙田延彦が新生UWFに行ったから、若くしてトップになれたのは事実だと思う。WWEもそうなんです。ホーガンがいなくなって、マッチョマン、ロディ・パイパーもいなくなったから、ショーン・マイケルズとブレット・ハートのニュージェネレーション路線が成立したわけじゃないですか。

鹿島 たしかにそうですね。

斎藤 そして「モントリオール事件」でブレット・ハートがいなくなったあと、ストーンコールド、ザ・ロック、トリプルHの3人の時代がやってくる。結局、上が抜けないと、なかなかトップは変わらないんですね。

鹿島 かつて全日本女子プロレスが「25歳定年制」を敷いていたのは、スターの新陳代謝という意味合いが強かったわけですよね。

斎藤 まさにそういうことです。だから事実上、25歳定年が撤廃されたあとは、長らく「対抗戦世代」が上にいて、90年代後半から2000年以降に世代交代が進まないという問題がありましたからね。

鹿島 いや〜、なんか今回はWCWを知ることで、日本のプロレス界で起きていたことが、よりよくわかりました！（笑）。

斎藤文彦
1962年1月1日生まれ、東京都杉並区出身。
プロレスライター、コラムニスト、大学講師。
アメリカミネソタ州オーガズバーグ大学教養学部卒、早稲田大学大学院スポーツ科学学術院スポーツ科学研究科修士課程修了、筑波大学大学院人間総合科学研究科体育科学専攻博士後期課程満期。プロレスラーの海外武者修行に憧れ17歳で渡米して1981年より取材活動をスタート。『週刊プロレス』では創刊時から執筆。近著に『プロレス入門』『プロレス入門Ⅱ』（いずれもビジネス社）、『フミ・サイトーのアメリカン・プロレス講座』（電波社）、『昭和プロレス正史 上下巻』（イースト・プレス）などがある。

プチ鹿島
1970年5月23日生まれ、長野県千曲市出身。
お笑い芸人、コラムニスト。
大阪芸術大学卒業後、芸人活動を開始。時事ネタと見立てを得意とする芸風で、新聞、雑誌などを多数寄稿する。TBSラジオ『東京ポッド許可局』『荒川強啓 デイ・キャッチ！』出演、テレビ朝日系『サンデーステーション』にレギュラー出演中。著書に『うそ社説』『うそ社説2』（いずれもボイジャー）、『教養としてのプロレス』（双葉文庫）、『芸人式新聞の読み方』（幻冬舎）、『プロレスを見れば世の中がわかる』（宝島社）などがある。本誌でも人気コラム『俺の人生にも、一度くらい幸せなコラムがあってもいい。』を連載中。

HENTAIZADANKAI

玉袋筋太郎の変態座談会

TAMABUKURO SUJITARO

伝説の虎

SATORU SAYAMA

佐山サトル

タイガーマスクデビュー 40 周年
四次元殺法でプロレスを変えて
修斗創始でMMAを普及させた
まごうことなき不世出の天才 !!

収録日：2021年5月4日 撮影：タイコウクニヨシ 試合写真：平工幸雄 構成：堀江ガンツ

［変態座談会出席者プロフィール］
玉袋筋太郎（1967年・東京都出身の53歳／お笑い芸人／全日本スナック連盟会長）
椎名基樹（1968年・静岡県出身の52歳／構成作家／本誌でコラム連載中）
堀江ガンツ（1973年・栃木県出身の47歳／プロレス・格闘技ライター／変態座談会主宰者）

［スペシャルゲスト］
佐山サトル（さやま・さとる）
1957年11月27日生まれ、山口県下関市出身。元プロレスラー。修斗創設者。武道団体・掣圏真陰流興義館総監。柔道とレスリングの経験を経て、1975年7月に新日本プロレス入門。1976年5月28日、魁勝司戦でデビュー。1977年11月14日『格闘技大戦争』で全米プロ空手ミドル級第一位のマーク・コステロと格闘技戦を行い判定負け。1978年にメキシコ遠征、1980年にはイギリスへ渡り「サミー・リー」のリングネームで大活躍。1981年4月23日、ダイナマイト・キッド戦で初代タイガーマスクとしてデビュー。以降、全国的に空前のタイガーマスクブームを巻き起こしたが1983年8月10日、突如引退を宣言。その後、理想の新格闘技（シューティング＝現・修斗）を模索して『タイガージム』を設立し、第1次UWFにも参戦。修斗の普及活動に励み、協会設立やプロ化を実現した。1996年に修斗の運営から身を引き、プロレス復帰やUFOへの参画、リアルジャパンプロレス旗揚げ、掣圏真陰流創始などに尽力。武道家、思想家としても活動している。

「中学2年のときに、柔道の昇段試験で相手の大人をバックドロップで投げたら初段が取れた（笑）」（佐山）

ガンツ　玉さん！　今回は初代タイガーマスクデビュー40周年記念ということで、満を持して佐山サトルさんに来ていただきました！

玉袋　いや～、うれしいねえ。佐山さん、今日は本当にありがとうございます。ボクらみんな、ガキの頃から（初代）タイガーマスクファンなんですよ。

椎名　タイガーマスクに人生を変えられちゃいましたよね。プロレスどっぷりの人生に（笑）。

佐山　ありがたいです。ファンの方はみなさんそう言ってくれるんです。50代ぐらいの大人の方でも「やっと会えました」って泣かれたりすることがありますよ。

玉袋　そうなるよな～。タイガーマスクに会えたら、みんなちびっこハウスの「健太くん」になっちゃうよ！

ガンツ　この座談会は、ボクらが憧れたプロレスラーや格闘家を毎回ゲストにお招きしているんですけど、以前、藤原敏男先生にも出てもらったんですよ。

玉袋　それで藤原先生と対談してるき、佐山さんと貴闘力さんが遊びに来てくださってね。

佐山　あっ、そうでしたっけ？　どこでしたか？

ガンツ　以前、藤原道場があったビルの隣の居酒屋ですね。

佐山　あー、危ないところですね。藤原先生がいらっしゃるときは、近づいちゃいけないところです（笑）。

玉袋　そのとき、佐山さんがひと通りおもしろい話をしてくださったんですよ。

椎名　もう話術が凄くてビックリしました。藤原先生の話をおもしろおかしく（笑）。

佐山　敏ちゃんのことになると凄いんですよ。40年間の恨みがありますからね（笑）。

玉袋　40年間の濃密なお付き合いが（笑）。

佐山　先輩ですからね。何年かにいっぺん、立場が入れ替わることもあるんだけど（笑）。

玉袋　藤原先生との最初の出会いはどこになるんですか？

佐山　目白ジムですね。凄く怖かったですよ。

ガンツ　当時、藤原先生が現役で本当にトップのときですもんね。

佐山　ボクは入門したばかりのぺーぺーでしたけど、藤原先生は日本チャンピオンで、キックはもちろん普通のボクシングもしっかりできるんですよ。世界チャンピオンになれるくらいの。

玉袋　国際式でもいけるくらいってことですか。

佐山　たしか、角海老かどこかから「５０００万円で譲ってくれ」って言われたらしいですね。

ガンツ　那須川天心より40年以上早く、そういう話があったんですね。

玉袋　そういうことだよな。

佐山　テンサイですね。

玉袋　佐山さんだって天才じゃないですか。

佐山　いや、敏ちゃんは天から授かった災害のほうですから。

椎名　災いのほうなんですね（笑）。

佐山　特に〝夜の藤原敏男〟は災害です（キッパリ）。機動隊が出動するほどの（笑）。

玉袋　おもしれえな〜。今日は佐山さんの若い頃からの話も聞いていきたいんですけど、新日本に入門したときはおいくつだったんですか？

佐山　16歳の夏でしたね。高校1年のときにレスリングの新人戦で優勝して、2年のときに高校を辞めて入りましたから。

ガンツ　レスリングは高校から始めたばかりだったんですよね？

佐山　そうですね。中学のときは柔道をやっていたんですけど、柔道を教えられる先生がいなかったんですよ。だからプロレス技の練習ばかりして、中学時代の得意技はバックドロップでしたから（笑）。

椎名　タイガーマスクのバックドロップはキレがいいと思っていましたけど、中学から得意だったんですね（笑）。

佐山　中学2年のときに初段を取っていましたが、昇段試験の乱取りのとき、相手は大人だったんですけどバックドロップで投げたんですよ。それで初段が取れたようで（笑）。

玉袋　バックドロップで黒帯！　最高です（笑）。

佐山　練習試合で人間風車をやって反則負けになったこともあったし。

ガンツ　タイガーマスクのダブルアーム・スープレックスも綺麗でしたけど、それも中学からやっていたと（笑）。

佐山　柔道はプロレスラーになるためにやっていましたから、プロレス技ばっかり練習していました。体育館の1階にマットを敷いて、2階テラスからダイビングボディプレスをしたり。目立っていましたね。

「引退後、藤原敏男さんと沢村忠さんがたまたまゴルフ場でバッタリ会ったっていう話はしびれましたね」（玉袋）

玉袋　中学高校時代、佐山さんは硬派だったんですか？

佐山　悪いことはしなかったですね。ボクがいたから学校に不良グループができなかったそうです。みんなシメてましたからね。

玉袋　みんなシメてた（笑）。

佐山　どうやってシメたかっていうと、変なのが来たらバックドロップで投げたり、カナディアン・バックブリーカーで持ち上げたりとか（笑）。

椎名　パワーがあったんですね（笑）。

玉袋　基礎体力運動は自己流でやられていたんですか？

佐山　自己流ですね。体重が80キぐらいありまして運動はもともと得意だったんですね。小学校のときはいろんなスポーツの選手にすべて選ばれていました。走るのからソフトボール投げや走り幅跳びまで。

ガンツ　まさにスポーツ万能で。

玉袋　そういう存在だと、学校から推薦みたいな話も来るんじゃないですか？

佐山　高校のアマチュアレスリングはそれで入ったようなものですね。柔道はやっていましたが本気では取り組んでいなかったので、それほどは強くなかったですから（笑）。

ガンツ　あくまでプロレス技を使う実験のため、という（笑）。

玉袋　プロレス中継は、新日と全日、どっちも観ていたんですか？

佐山　両方観ていました。もちろん、猪木派なので、熱心に観るのはどうしても新日本になりました。その前に小学生の頃、沢村忠さんのキックボクシングも観ていました。

玉袋　おー、沢村さん。

椎名　佐山さんがプロレスの前に沢村忠さんも好きだったっていうのは、のちのタイガーマスクにつながりますね。

佐山　15年か20年くらい前に沢村さんと面識ができたんですよ。

玉袋　え〜っ！　沢村さんと親交があったんですか!?

佐山　キックを教えてもらったんですけど、理にかなってて凄くうまかったです。人間性も最高でした。それからお付き合いが始まりましたが、表に出たくないという方で、ストロングスタイルプロレスの会場にもご招待したかったのですが、「会場には呼ばないでくれ」と言われたんですね。「とにかく表に出たくない」とおっしゃるので。だから某格闘技雑誌の方から「紹介してほしい」と言われたこともありましたが、「いやもう出たくないので。お願いします」とのお返事でした。

玉袋　俗世間との関わりを完全に絶っていたわけですね。でも、そうなると佐山さんは、沢村さんと藤原敏男先生の両方と交流があったわけですね。

佐山　そうですね。沢村さんは凄く尊敬できる方です。藤原先生は昼間だけ尊敬できる方です。

ガンツ　藤原先生は昼間だけ（笑）。

玉袋　佐山さんはそれを真顔で言うところが最高（笑）。

椎名　以前、藤原先生にお話をうかがったときも、沢村さん

の話をされていたんですよね。

玉袋　そうそう。現役の頃は「人気の沢村」「実力の藤原」みたいな感じで言われていたけど、放送するテレビ局も違っていたから、交流がなかったって。

佐山　藤原先生はもちろん凄いけど、沢村さんの技術も凄いです。ビックリしました。

玉袋　それで引退後、藤原さんと沢村さんがゴルフ場でたまたまバッタリ会ったっていう。あの話もしびれましたね。

佐山　それで仲良くなったんですよ。ふたりとも人格者です。昼間の話ですよ?

ガンツ　藤原先生はあくまで昼間限定で（笑）。

玉袋　沢村さんは野口プロモーションで、キックボクシングのテレビ中継が始まって世間の注目を浴びたじゃないですか。佐山さんも格闘技を志しながら、タイガーマスクで耳目を集めたという。そういう部分で共通している気がするんですよ。

佐山　沢村さんの場合はおじいさんが空手家で、テレビで放送されるプロのキックボクシングという、ある意味でショーマンシップの世界に入った時点で勘当されたらしいんです。それで引退後、「そういうところにはもう出ない」という約束で空手に戻った。そのいきさつがあるので表に出ないんですよね。

玉袋　そうだったんですね。でも沢村さんと佐山さんの関係っていうのも初めて聞いて、ちょっと感動しましたよ。

「入門してキツかったのはセメントの練習ですよ。でもそのセメントがあったからこそプロレスに幻滅することもなかった」(佐山)

ガンツ　おふたりともテレビのスターとして有名ですけど、本質は武道家という。

佐山　自分も武道家のつもりなんですけど、沢村さんは本物ですからね。武道からきている人格者です。

玉袋　佐山さんも人格者ですよ。

佐山　いやいや、ボクはちょっとキレるところがありますので。

玉袋　そのあたりも藤原先生からうかがっております（笑）。

佐山　夜の藤原敏男にはかなわないですけどね（笑）。沢村さんはキックボクシングを辞められてから、じつはボクの友達の会社に入られたんです。

玉袋　えっ！　そうなんですか?

佐山　自動車屋さんだったのですが、そこに昔の後輩の方たちが沢村さんに会いに来ても机の下とかに隠れるらしいんですよ。「いまはいないと言ってくれ」って。いっさい（昔の関係を）断ち切っていたみたいですね。

玉袋　それは凄いですね。

佐山　世俗が嫌になったという部分もあったと思うんです。ボクもそういうところがありますが。

玉袋　解脱しちゃったんですね。

佐山　敏ちゃんも違った意味で解脱者ですけどね。脱北者かな（笑）。

玉袋　黒崎健時先生から脱北したっていう（笑）。それでお話を戻しますけど、佐山さんは高校を中退して東京に出て、新日本に行くんですよね？

佐山　まずはアルバイトをしながら身体を鍛えました。そして新日本に入門希望の電話をしたら、たまたま新間（寿）さんが出て、「ボーヤ、おいで」ってことになって、後楽園ホールでテストを受けさせてもらったんですよ。足の運動（ヒンズースクワット）500回とかブリッジを3分間とかやらされて、それで足がガタガタになったところで、若手選手とスパーリングをやらされて。それが藤原喜明だったんですけど。

椎名　初めてで藤原組長とやったんですか!?

佐山　そのときはわからなかったのでボロボロにやられて。ボクもレスリングをやっていて自信があったので、「若手でもこんなに強いんだ。やっぱりプロレスって凄いな」って思って、うれしかったんですよ。

玉袋　藤原さんもまだテレビに全然出ていない頃だから、道場で強い人だなんて知らないわけですもんね（笑）。

佐山　足の運動500回3セットをやったあとにスパーリングをしたので、「根性がいい」みたいな感じで言われて。そのときは入門できなかったんですけど、「体重を増やしてからまたおいで」って言われたので、90キロまで増やしてまたテストを受けに行きまして。今度は足の運動とかは平気でこなせるようになっていましたから入門することできました。

椎名　入門したあとも、練習にはちゃんとついていけたんですか？

佐山　ついていけました。それよりキツいのはセメントの練習ですよ。最初はグチャグチャにされて、それがだんだんと極められないようになっていって。そうすると今度は藤原喜明に勝つことが目標になっていった。

椎名　藤原さんっていうのはそういう存在なんですね。

佐山　だから新日本に入ってよかったと思いますよ。藤原喜明もいたし、カール・ゴッチさんもいらしたし、いつも7〜8人くらいでセメントの練習をやって。そのセメントがあったからこそ、プロレスに誇りを持ち続けることができましたね。

玉袋　道場に〝本物〟があったわけですもんね。

佐山　新弟子はセメントで極められなくなってくると、先輩に認められるようになって、お互いに尊敬し合うようになる

んですよ。藤原喜明とは2時間くらいスパーリングをやっても極まらなくなりましたね。それでお互いに「ちくしょー!」なんて言いながら。それでボクがキックボクシングの練習に行くようになったらそれがバレちゃって、向こうもキックをやり始めたりとか(笑)。総合(格闘技)がまだない時代ですからね。

椎名 その頃から総合的な強さで負けたくなかったんですね。

佐山 「ケンカで負けたくない」ってことですよ。小林邦昭さんともそういう関係で。普段の仲はいいんですけど「セメントになったら絶対に負けたくない」という気持ち。裸絞めで首に腕が入らないとき、アゴを絞めるじゃないですか?そうしたら小林さんの歯がポキーンと折れたんですよ。それでもギブアップしませんからね。

ガンツ 練習の段階でそれなんですね(笑)。

佐山 セメントの練習ばかりでしたから。

玉袋 そういった練習で、猪木さんと肌を合わせることもあったんですか?

佐山 もちろん、しょっちゅうやっていました。ですから猪木さんの何が尊敬できるかっていうと、トップが道場でセメントの練習をやっていて、しかも強いということです。みんな猪木さんには勝てませんでしたから。

「佐山さんが元祖オープンフィンガーグローブだし、元祖レガースだし、元祖オクタゴンなんですよね」(ガンツ)

玉袋 道場で弟子たちと実力勝負をやってるっていうのが凄い!入門したばかりの頃は猪木さんは雲の上の人だったと思いますけど、いつ頃から声をかけてもらえるようになったんですか?

佐山 いつ頃かは憶えていないですけど、練習で自信もあったし、セメントにもついていけるようになったんで「コイツはちょっと違う」と思ってくれたのだと思います。それで認めていただけて、付き人になったんですよ。

玉袋 いざ、付いてみて猪木さんはどうでしたか?

佐山 猪木さんはボクにとって最高の師匠でした。もともと憧れの人ですけど、偉ぶらないですし、絶対的な強さをお持ちですし、内緒でおこづかいもくれたし。

玉袋 あの頃のアントニオ猪木のいちばん身近にいたら、そりゃもうここには載せられないような話、現場をいっぱい見てきていると思うんですよ。たとえばビートたけしの付き人は、ビートたけしのテレビじゃないところも見ちゃっているわけで。佐山さんも「絶対に墓場に持っていく」っていう話もあると思うんですけど、師匠を「最高の人間」とハッキリと言えるところが素晴らしい。

佐山　墓場に持っていく話も少しはありますけど、あまりそういう面を見せない方でしたね。ボクらの前でも「アントニオ猪木」でしたから。新聞さんに聞けば裏の話もあるかもしれませんが、そういう姿はレスラーには見せなかった。ボクものちに経営をやったので、社長としての苦しさもいまならわかります。あの頃は（アントン）ハイセルとかで大変だったと思いますけど、そういう姿をボクらには見せなかったですから。

玉袋　莫大な借金を背負っても、弟子たちの前では平気な顔をしていたってことですね。あの頃なんて、まだモハメド・アリ戦の借金もカタがついてないんじゃないかな？

ガンツ　ついていないですね。佐山さんが付き人の頃は異種格闘技戦シリーズの真っ只中でしたから。

佐山　そうですね。だからボクが猪木さんに掴めるグローブを持っていったりして。

椎名　オープンフィンガーグローブの原型ですよね。あれはブルース・リーの『燃えよドラゴン』を観て、作ろうとしたっていうのは本当なんですか？

佐山　あれは『燃えよドラゴン』で使われていたグローブを改良したものですね。革製品の加工だから、靴屋さんに持っていって作ってもらって。それで（猪木vs）チャック・ウェプナー戦のときに猪木さんのところに持っていって、そこから「新しい格闘技を作ろう」という話になったんです。猪木さんは「憶えてない」って言っていましたけどね（笑）。

玉袋　それが、のちのシューティング（修斗）になるわけですもんね。しかも佐山さんは競技を作るだけじゃなく、道具屋までやってるという（笑）。

佐山　全部作りましたよ。試合の道具も作ったし、八角形のリングも作ったし。

ガンツ　だから元祖オープンフィンガーグローブだし、元祖レガースだし、元祖オクタゴンなんですよね。

玉袋　そうなんだよ！

佐山　ルールもイチから自分で作りましたから。

椎名　総合格闘技という概念がないところからですもんね。

佐山　ルールは210条くらい作りましたからね。それを60条くらいにまとめて、総合格闘技というものを作っていって。試行錯誤の連続でしたけどね。だからルールは毎回のように変えていたし、オープンフィンガーグローブも初期は欠陥品なので、何度も作り直したし。指が目に入らないようにフェイスガードを着けたんですけど、それが不評で外してやったのが、いまの総合の最初ですから。産みの苦しみがありました。

玉袋　ルールを作って、選手を集めて育成して、会場を押さえて興行を売って、すべてをやっていたのは凄い。

佐山　でも、いちばん大変だったのは技術を作ることでしたね。「総合の技術」がなかったので。打撃で言えば、キックボクシングもボクシングも素晴らしい技術ですけど、総合の打撃はまた違うんですよ。構えも違えば距離も違う。蹴りの種類だって違うということをずっと力説してみんなに教えていたんですけど。当時は総合用の蹴りをやったら、キックボクシングの人から「そんな蹴りはないよ」って言われるんですね。総合のパンチをやれば、ボクシングの人から「そんな汚いパンチはないよ」って言われて。

ガンツ　いまは「MMA独自の技術がある」っていうのは常識ですけど、当時は理解されなかったんですね。

佐山　「だったら全部覚えてやれ」と思って、ボク自身がボクシングのチャンピオンやキックのチャンピオンを作ることができるくらい勉強して、その上で総合の技術を作っていったんです。その技術がいまだにUFCでも使われていますからね。

玉袋　ホントに常に10年先をいってるんだよな～。

椎名　新日本に来ていたイワン・ゴメスを通じて、バーリ・トゥードも70年代から知っていたんですよね？

佐山　知っていましたね。ゴメスはボクがまだペーペーの17歳くらいのときに新日本に来ていたんですよ。ゴメスはみんなによく思われていませんでした。

椎名　なんで嫌われていたんですか？

佐山　実際のところはわからないですけど、もともとブラジルで猪木さんに挑戦してきたからじゃないですか？

玉袋　「顔じゃねえ」ってことですね。

佐山　それで孤立していたんで、いちばんペーペーのボクが世話係みたいな感じで付いたので仲良くなって。ブラジルからたくさん写真を持ってきていたんですけど、ほとんどがバーリ・トゥードの写真ですよ。そのとき、「格闘技っていうのはこうやってやるんだ」っていう話をしてくれましたね。技術も全部教えてくれて「上に乗っかるんだ」みたいな。当時は「なんで極めることより上に乗っかるのが大事なんだ？」って思ったんですけど、いまはそれが全部わかりますけどね。

「新日本プロレスのストロングスタイルの教えを受けているので、あくまで実戦でも決まるような飛び技を心がけていました」（佐山）

ガンツ　当時はポジショニングの概念がないわけですもんね。

玉袋　マウントポジションなんて言葉もなく、ケンカの馬乗りだもんね。

佐山　ゴメスはそれが重要だって言っていたんですよ。

玉袋　それを当時17歳の佐山さんが聞いてたっていうのが凄い！

佐山　のちにヒクソン（・グレイシー）を招聘したとき、ヒクソンにゴメスの話をしたら「ゴメスはもの凄くタフな男だった」って言っていましたね。叔父で凄く強い人がいたらしいんですけど、ゴメスはその人とも引き分けたって。

椎名　ヒクソンの叔父さんのグレイシーとイワン・ゴメスが引き分けてたんですか。本当に強かったんですね。

ガンツ　イワン・ゴメスは、新日道場でスパーリングもやっていたんですか？

佐山　やっていました。ただ、バーリ・トゥードとセメントの極めっこは違うんで、みんなゴメスを極めることはできなかったけど、ゴメスもレスラーを極められませんでしたね。誰かひとり首を獲られたって話も聞きましたけど、あとはほとんど互角の状態でしたね。

椎名　やっぱり、当時の新日のレスラーも強かったってことですね。

玉袋　当時から佐山さんはゴメスを通じてバーリ・トゥードを知っていて、一方でカール・ゴッチという存在もいたわけじゃないですか。そのへんの相反する技術の棲み分けはどうされていたんですか？

佐山　カール・ゴッチさんは自分にとって神で、ゴメスは友達みたいな感じでしたので、そこは全然違いますね。ゴッチさんは自分の先生で、ゴメスのバーリ・トゥードは他流派みたいな感じですね。

玉袋　なるほど～。

ガンツ　佐山さんはフロリダのゴッチさんのところに3カ月くらい行っていたんですよね？

佐山　はい。メキシコ遠征に出て、体重が10キロ以上落ちちゃったんですよ。そんな状況のときにたまたまゴッチさんがメキシコに来て、「なんだその身体は！　もうメキシコは離れろ。イギリスに行け！」って言われたんですよ。

椎名　イギリス行きはゴッチさんの指示だったんですね。

佐山　それでイギリスに行く前に体調を戻すためにフロリダに3カ月行って。ちょうどそのとき、藤原さんもゴッチさんのところで修行していたので、同じアパートに泊めてもらっていました。

玉袋　そこで偶然、組長もフロリダにいるっていうのが運命的だな。

佐山　藤原さんはボクが来るまでの3カ月間、スパーリングをする相手がいなかったから基礎練習しかさせてもらえなかったみたいなんですよ。だからボクが行ってようやく関節技の練習ができるようになって、よろこんでいましたね。

玉袋　そのゴッチさんと佐山さん、藤原組長の練習から「藤原ノート」が生まれるわけだもんな～。で、佐山さんはそっからイギリスに行って、サミー・リーになるわけですよね。

佐山　イギリスはゴッチさんのブッキングだったんですけど、なんか話がちゃんと通っていなかったみたいで、向こうに着いたらプロモーターが「なんで、いまさらジャパニーズが来るんだ？」みたいな顔をしていたんですよ。でも事務所の裏の道場で「ちょっと動きを見せてみろ」って言われて、向こうのレスラーと模擬試合みたいなことをやって、サマーソルトキックとかいろんな動きを見せたら、態度がコロッと変わっちゃって（笑）。

椎名　コイツはカネになるぞと（笑）。

佐山　それでクルマでマーシャルアーツショップみたいなところに連れて行かれて、ブルース・リーが『死亡遊戯』で着ていたような黄色い服を着させられて「今日からおまえはブルース・リーの親戚ってことにしてくれ」って言われたんですよ（笑）。

玉袋　ブルース・リーの親戚だから、サミー・リー（笑）。

佐山　ゴッチさんは「リッキー・カワシ」という名前でやってくれと言っていたらしいですが、変わりましたね（笑）。

ガンツ　そこからすぐに人気は爆発したんですか？

佐山　どこに行っても満員でしたね。会場がもの凄く盛り上がっていて。ボクがステッピングしながら威嚇のバック回し蹴りを見せるだけで、観客が総立ちになるんですよ。

玉袋　すげ〜な〜！　海外に行って、自分の動きだけで現地の人たちを虜にするわけですもんね。

佐山　プロレスラー冥利に尽きるっていうんですかね、そんな感じでした。

玉袋　その頃のファイトマネーっていうのは新日本から出ていたんですか？

佐山　いや、新日本はまったく関係ないです。

玉袋　じゃあ、自分で試合をやって稼いだお金がすべてですか。

佐山　メキシコのときからそうですよ。だからいい試合をやって、プロモーターに気に入られて、上のほうで試合が組まれるようにならないと食っていけないんですよ。それで自分なりに考えて、空中殺法とかメキシコでウケるような技を考えてやっていました。

ガンツ　のちのタイガーマスクの四次元殺法は、メキシコで食っていくために、必要に迫られて生まれたってことですね！

玉袋　凄い話だな、それ。

佐山　ただ、ボクは新日本プロレスのストロングスタイルの教えを受けているので、あくまで実戦でも決まるような飛び技を心がけていました。真剣勝負でも決まるようなプランチャをやると。たとえば相手が技を待っているようなことをしたら、お遊戯になっちゃいますから。もし、そんなことをやったら猪木さんや山本小鉄さんに怒られるっていうのが頭があったので、それはタイガーマスクになってからも一緒ですね。

「最初は『タイガーマスクの映画を撮るから帰ってこい』って言っていたんですよ。たぶんボクをだまそうとしていた」（佐山）

椎名 だからメキシコの次にイギリスに渡って「サミー・リー」になったあとは、完全に「タイガーマスク」の動きが完成していましたよね。
佐山 〝ブルース・リーの親戚〟という設定だったので、メキシコでやっていたスタイルに、カンフーっぽい動きを取り入れて。それでだいたい完成されましたね。
椎名 佐山さんはメキシコでもスーパースターですよね？
佐山 いやいや、スーパーじゃなくてスープくらいですけどね（笑）。
椎名 ボクがメキシコに旅行で行ったとき、マルチネスのマスク屋に行って「サトル・サヤマを知ってるか？」って聞いたら、「もちろんだ！」って感じで答えてましたから（笑）。
佐山 ありがたいですね。メキシコでは女のコにもモテましたねえ。いまの平井さん（＝ストロングスタイルプロレス代表）みたいですよ（笑）。
ガンツ 佐山さんはメキシコ時代、木村健悟さんと一緒に住んでいたこともあるんですよね？
佐山 そうです。木村さんもまたいい人でしたね。新日本時代は先輩だから上下関係がありましたけど、メキシコでは同僚みたいな感じで接してくれて、凄くいい人間でしたね。
ガンツ 木村さんはコーヒーショップの女性と付き合っていたんでしたっけ？
佐山 あっ、よく知ってますね。ＶＩＰＳっていう日本のファミレスみたいな店。
ガンツ ２０１５年に佐山さんがメキシコでウルティモ・ドラゴンの主催興行に出たときにボクも取材で行ったんですけど、みんなでメキシコシティをクルマで移動しているときに佐山さんが「あっ、あそこはパク・チュー（木村健悟のリングネーム）の彼女がいた店だよ」って言っていたんですよ（笑）。
佐山 あー、ボクがバラしてたんだ。当時、木村さんには奥さんがいたのに（笑）。
玉袋 もう時効ですよ！（笑）。
佐山 いろいろ思い出すな～。木村さんはよくメキシコから日本にいる奥さんに手紙を書いていたんですけど、本人は色盲なんですよ。それで「赤いボールペンで手紙を書いたら、それは別れの手紙なんだ」みたいな話をしたことがあって、

ボクがわざと赤いボールペンを渡したんですよ。そうしたら本人、色盲だからわからなくて赤いボールペンで手紙を書き始めて。ボクもいまさら言い出せなくなっていたら、木村さんはそのまま送っちゃったんです。「知ーらない」って（笑）。

玉袋　以前、木村健悟さんと対談やらせてもらったとき、「俺は女房の尻に敷かれてるから。女房の座布団です」って言っていたんですけど、そういうことも関係してるんじゃねえかな（笑）。

佐山　でも、みんなメキシコではいい思いしてるんじゃないですか。

玉袋　メキシコは腹を下すとか苦しい話が多いですけど、じつはみんなモテモテだったっていうのがいいな。佐山さんはイギリスでもモテモテだったんじゃないですか？

佐山　イギリスではそっち方面は手を出せませんでしたね。ゴッチさんの目がありましたので。

ガンツ　イギリスの場合、何かあるとゴッチさんに筒抜けなんですね（笑）。

椎名　ゴッチさんって、そんなことにまで口を出すんですか？（笑）。

佐山　凄いですよ。服装まで全部に指示が来ますからね、「ジーンズを履くな」とか。食事のマナーとか道徳に関しても凄く厳格ですし、生活態度全般がそうです。だから彼女を作ったりすると、もの凄く怖いんですよ。「俺は奥さんひとりだった」って常におっしゃっていました。

玉袋　そういう方面でも頑固親父だったんだな。

佐山　イギリスでは「ゴッチのボーイだ」ってことでいろいろとよくしてもらえましたけど、その分、ゴッチさんに常に監視されているような感じでしたね（笑）。

ガンツ　そしてイギリス時代の人気絶頂のとき、新間さんから「日本に帰ってこい」って言われるわけですよね。

佐山　ボクは日本の状況がまったくわからなかったんですけど、新間さんから電話があって「とにかく帰ってこい」と。だけど、こっちもタイトルマッチとかいろいろスケジュールが決まっていたので「帰れません」っていう話をしたのですが、毎日のように電話がかかってきまして。最後は「断れば、猪木の顔を潰すことになるからな」と殺し文句を出されて。それでしょうがなく帰ることにしたんですね。

ガンツ　帰国後、「タイガーマスクになれ」って言われたんですか？

佐山　いや、最初は「タイガーマスクの映画を撮るから帰ってこい」ってボクに言っていたんですよ。たぶんボクをだまそうとしていたと思うんですけど。

ガンツ　だまそうとした（笑）。

佐山　そんなことじゃ帰れないじゃないですか？　漫画の

キャラクターがリングに上がるなんて、ストロングスタイルの新日本ではやっちゃいけないことだと思っていましたから。ゴッチさんのガチガチな思想も植えつけられていたし。それでも「猪木の顔を潰すことになるからな」って言われたんで、1試合だけやってまたイギリスに帰るつもりで帰国したんです。そうしたらマスクが用意されていなかったんですよ。

ガンツ 肝心なマスクを発注し忘れて（笑）。

「タイガーマスクのデビュー戦は歴史に残る名勝負ですけど、佐山さん本人は納得がいってなかったんですね」（椎名）

玉袋 それで急きょ作ったのが、あのデビュー戦のマスクなんですよね。

佐山 試合の前日に事務所でマスクを渡されたんですけど、ボクはメキシコでいろんなマスクを見ているじゃないですか。だから「なんだこれ？　ひどいマスクだな……」と思っていたんですよ。そうしたら新間さんが「素晴らしいじゃないか！」って。

玉袋 新間さんも「マスクを発注し忘れた」とは言えなかったんだろうな（笑）。

佐山 「そうかな……？」と思ったんですけど。白いシーツにマジックで描いてあるだけなので（笑）。

椎名 あんなマスク、見たことないですもんね（笑）。

佐山 それで試合当日にマントが届いたんですけど、これもシーツにマジックでトラの模様が描いてあったんですよ。それでまた「素晴らしいじゃないか！」って言っているから、「これはウソだ」と思って。

椎名 さすがに気づいて（笑）。

佐山 でも仕方がないからその格好で入場したら、客席から笑いが起こっているし、失礼なヤジを飛ばすヤツもいて。「俺はいったいなんなんだ？　もう早く帰りたい……」って思いながらリング下まで来たら、新間さんが寄ってきて「おまえ、リングに上がったらそのマントをすぐに取れ！」って怒られちゃって（笑）。

玉袋 さっきまで「素晴らしいじゃないか」って言ってたのに（笑）。

佐山 言われたとおりにやって、怒られて。それも試合前ですよ？（笑）。で、リングに上がっても拍手も何もないし、もう最悪でしたね。それから試合が始まって、サミー・リーの動きをどんどんやっていったら、イギリスではそれで会場が沸くんですけど、日本だとそれが全然ないんですよ。

玉袋 でも観客は唖然としていたというか、声も出ないくらい凄いものを見たってことだったんですよ。

佐山 メキシコやイギリスは凄く沸くんですけど、日本のお

客さんは海外に比べると静かなんですよね。でもボクは3年近く海外に行っていたんで、その感覚がわからなくて。最後にジャーマンで勝ったときも「早く帰ろう」と思ったんですよね（笑）。

椎名　タイガーマスクのデビュー戦は歴史に残る名勝負ですけど、佐山さん本人は納得がいってなかったんですね。

佐山　ダイナマイト・キッドの動きや圧力は凄かったんで、「なんだコイツ!?　凄いな」とは思いましたけど、イギリスと比べるとお客が沸いていなかったんで「俺はプロレスラーとして失格だな……」って思っていましたね。それで控室に戻ってきたときに新聞記者さんたちがバーッと入ってきて「凄い！」って言われて、そのときに「あっ、凄かったんだ？　そうか、ここは日本か」って、そこで気がついた感じです。

玉袋　いやあ、あのデビュー戦は衝撃的でしたよ。ボクはテレビの一発目の放送のとき、ちょうど中学校の修学旅行の夜で「タイガーマスクのデビューだからみんなで観ようぜ！」ってみんなで観ちゃってさ。最初はそれこそ「なんだよ、これ……」と思ったんですけど、観終わったあとはみんな興奮して、布団が敷いてあるからみんなで飛びまくってましたよ（笑）。

ガンツ　日本でいちばん早くタイガーマスクごっこをやっていたんですね（笑）。

玉袋　放送翌日の学校じゃなくて、放送直後にやっていたからね（笑）。

佐山　そういう話を聞くと、プロレスラー冥利に尽きますね。

椎名　ボクもすぐにタイガーマスクのファンになって、マスクを自作しましたよ（笑）。

佐山　ありがとうございます（笑）。

椎名　それを被って学校に行ってました（笑）。

ガンツ　学校で友達に「素晴らしいじゃないか」って言われたりして（笑）。

玉袋　猪木さんからは、タイガーマスクの動きについて何か言われましたか？

佐山　いえ、何も言われなかったです。まあ、認めてくれていたんでしょうね。ボクは空中殺法とか、派手な技をやるたびに「怒られなくてよかった」と思っていましたけど。

玉袋　具体的にどこがよかったみたいに言われることもなかったんですか？

佐山　あっ、試合に関しては1回だけ言われましたね。ブレット・ハートとやったとき、トップロープに登ってドロップキックをやったんですよ。

ガンツ　いわゆるスワンダイブ式ドロップキックですね。

佐山　その一発でブレットの日がいっちゃってるのはわかったんですけど、最後は人間風車で仕留めてやろうと思って、半分失神状態のブレットを投げてワンツースリーだったんですよ。その試合後に猪木さんから「あんな蹴りを決めたあと、もう次の技はやる必要ないよ。せっかくの技が落ちちゃう」って言われて「あー、なるほど。よく考えてるな」と思いましたね。

ガンツ　ドロップキック一発でフィニッシュとしての説得力があるんだから、その後、人間風車をやることで〝つなぎ技〟に落とす必要はないってことですね。

佐山　そういうことです。試合に関してはそれぐらいしか言われなかったので、「これでいいのかな」と思いながら、自分なりに一生懸命やっていましたね。

「タイガーマスクでの大スターの座をあっさり捨てて、いちから総合格闘技を作ったのが佐山さんの凄さですよ」（玉袋）

玉袋　だからタイガーマスクの動きっていうのは、それまでのプロレスにはないものだけど、誰もが認めざるをえないくらい凄かったってことだよなあ。蔵前のキッドとの試合がまったくの初対決っていうのも凄いし。

佐山　やっぱり、ダイナマイトがいたからこそタイガーマスクもあったと思いますし、ブラック・タイガーがいて、とどめで小林邦昭さんが出てきて。いい対戦相手に恵まれましたね。

ガンツ　新日本でのタイガーマスクの活動期間ってわずか2年4カ月で、しかも40年前の話ですけど、それがまったく色あせないのはいかにインパクトがあったかってことですよね。

佐山　いまだに言われますからね。その後、ボクが格闘技をやっていても、どうしてもタイガーマスクのほうに話がいっちゃうし。

玉袋　でもタイガーマスクでの大スターの座をあっさり捨てて、いちから総合格闘技を作っていったのが佐山さんの凄さですよ。

佐山　もともと、それが夢でしたからね。猪木さんの影響でもありますし。

椎名　付き人の頃、いつか総合格闘技みたいなものを作って、佐山さんにやってもらうってことを猪木さんが言っていたんですか？

佐山　チャック・ウェプナー戦の前に、ボクが「新日本プロレスでも格闘技部門を作りましょうよ」って言ったんですね。そうしたら猪木さんも賛成してくれて、「おまえを第1号選手にする」って言われたんですよ。だから、そのあと「メキシコ遠征に行け」って言われたときは「なんでだろう？」と思いましたけど、海外でもずっと格闘技の選手になるつもりでいましたね。

椎名　新人の頃から、自分で総合格闘技のルールとかも考えていたんですか？

佐山　ある程度はですね。「真の格闘技というのは、打撃に始まり、組み、投げ、そして極め技で決まる」っていうのを色紙に書いて部屋に貼って、それを目指したんですね。

ガンツ　まさにそれが総合格闘技で、本当に実現するわけですからね。

佐山　でも実現するためには従来の技術ではなく、総合のための技術を作らなきゃいけないから必死ですよね。タイガーマスクを辞めてシューティングを始めた頃は、まだバーリ・トゥードとのコネもないし、自分でいちから作らなきゃいけなかった。だから自分自身が選手としてリングに上がる気持ちはまったくなかったんです。それよりも弟子を育てて、彼らが先生になり、その技術を教わった生徒が選手となって花開いていく。だから花が咲くのは20年後、30年後だと思っていましたから。

ガンツ　実際に中井祐樹さんをはじめ、初期のシューターが先生になって、いま総合格闘技の裾野が広がっていますもんね。

玉袋　それを佐山さんが最初から見越してたっていうね。

椎名　ボクはスーパースターの佐山さんが、ジムに入門した一般の人たちと対等に付き合って、ちゃんと選手として育てたっていうのが感動的だなって思います。そんなことをした人はそれまでにいなかったから。

佐山　それこそ猪木さんがよく「馬鹿になれ」って言いますけど、格闘技に関しては馬鹿になって取り組んでいたんでしょうね。

椎名　しかも初代シューターたちがみんな強くて、バーリ・トゥードが出てきたときも真っ先に対応できるように育てられたのが凄いなって。

佐山　本当はただ強いだけの格闘技ではなく、礼儀作法や思想も含めた武道を作りたかったんですけどね。

ガンツ　それはシューティングの初期から考えられていたんですか？

佐山　そうですね。当時から言っていたんですけど、本当は大相撲みたいなものを作りたかったんです。

玉袋　格闘技であり、神事であり、興行でもあるという。その上で貴闘力さんも言ってましたけど、厳しい稽古で強い選手を育てていくってことですよね。

ガンツ　稽古の厳しさで言うと、シューティング初期の夏合宿での佐山先生の厳しさっていうのも……。

佐山　（さえぎって）あれはCGです！

ガンツ　CGでしたか！（笑）。

椎名　「それがおまえの本気かッ！」っていう、リアルなCG（笑）。

玉袋　いまはCGの技術もすげえ上がってるから、おそらくピクサー制作だろうな（笑）。

「髙田（延彦）なんかは強かったんですよ。まだ若くてプロレスにもそこまで染まっていなかったので」（佐山）

ガンツ　まあ、当時の格闘技道場は厳しいのが当たり前でしたからね。

玉袋　シューティングが動き出した頃、リングドクターの越智先生とウチの師匠（ビートたけし）が親交があって、よく試合後にウチの兄さんや師匠、それからモト冬樹さんらと六本木に繰り出すっていうのがあって。佐山さんも忙しいのに、全部終わったあとに駆けつけてくださっていたんですよね。

佐山　越智先生にはいろいろお世話になって、ゴルフに連れて行ってもらったりしていましたね。師匠ともやりましたよ。

玉袋　あっ、そうですか？

ガンツ　ビートたけしvs佐山サトルのゴルフ対決が実現していましたか（笑）。

椎名　ＢＩＧ２世紀のゴルフマッチ（笑）。

佐山　いやいや、全然勝負にならないですよ。ボクは凄く下手でしたから（笑）。

玉袋　あの頃は、まだ坂本（一弘）さんも選手だしさ、桜田（直樹）選手とか川口（健次）選手、伊藤（裕二）選手、あと草柳（和宏）選手なんかがいてね。

佐山　よく知ってますねえ。

玉袋　ボクはあの頃、ずっと観に行ってましたから。

佐山　あっ、そうでしたか。

玉袋　観に行って、そのまま越智先生と六本木に繰り出すっていう。

佐山　ありがたいなー、今日の企画は。

玉袋　あの頃は大木凡人さんがリングアナウンサーで、佐山さんが〝太郎ちゃん〟って呼んでいた人とルール説明をやっていてね。

ガンツ　佐山さんが毎回ルールを説明しないと、お客さんもわからない時代だったんですね。

佐山　みんなわからないので、選手だけでなく、お客さんも育てていかなきゃならない時代でしたね。

ガンツ　佐山さんにとって第一次ＵＷＦ時代というのは、プロレスファンを格闘技のほうに導く啓蒙活動みたいな意味もありましたか？

佐山　ありましたね。だから当時、浦田（昇＝ＵＷＦ社長）さんとは「ＵＷＦを徐々に変えていって、いずれシューティングの選手を育てて合併して、完全な格闘技に変えていこう」っていう話をしていましたね。

ガンツ　ＵＷＦ自体をシューティングにしてしまおうと。

佐山　名前はどうなるかわからないですけどね。

ガンツ　そのことはほかの選手には全然言っていなかったんですか？

佐山　そういう話はしていないです。プロレスと格闘技は違うものなので、いきなりできるもんじゃないですから。髙田（延彦）なんかは強かったんですよ。まだ若くてプロレスにもそこまで染まっていなかったので、あのときＵＷＦを格闘技にしていたら、若い彼ならうまく移行できたかもしれないですけどね。

椎名　それぐらいプロレスにどっぷり漬かった人が移行するのは難しいと。

佐山　相手も必死ですから、こっちも格闘技一本で必死の状態にならないとダメですよね。

ガンツ　でもＵＷＦでは、のちの総合格闘技のように佐山さんが細かいルールを作ったり、試合数を減らす提言をすることで、ほかの人たちと意見が合わなくなっていったわけですよね。

佐山　まあ、それはしょうがないと思います。やっぱりプロレスと格闘技の世界では思想が違うので。ボクも若気の至りでそれを強引に進めてきたっていうのもありますし、反感を買うのは当たり前の話ですね。営業の人間の反発とかいろんなものが重なって、溝が深まった感じですね。

ガンツ それで第1次UWFは、唯一、お客さんを呼べる大スターの佐山さんを排除するという流れになったわけですね。

佐山 あれはボクの若気の至りだと思っています。

ガンツ あと、これはまったく違う話で恐縮なんですが、長年の疑問がひとつあるんですよ。佐山さんが前田さんを新日本プロレスに入れたのは、前田さんの空手の先生だった田中正悟さんが公園で練習していたところを偶然見つけたことがきっかけっていうのは本当なんですか？　あまりにもできすぎた話だなと思って（笑）。

佐山 ボクが大阪巡業のときか何かで、外を走っていたら公園でシャドーをやっていたので「綺麗な蹴りですね」って声をかけたんです。なかなか好青年でいい人だなと思ったので、そこから仲良くなったんですよ。

ガンツ 本当だったんですね。もともと田中正悟さんのことは知っていたんですか？

佐山 いや、そのとき公園で声をかけたのが初対面ですね。

椎名 それで田中さんを通じて、前田さんを紹介されたんですか？

佐山 そうですね。「デカいのがいる」って。それを新聞さんに話したら「そんなデカいのがいるんだったら連れてこい」みたいな話になって。

「佐山サトル物語が息子に引き継がれているっていうのが最高ですよ。今後の佐山道場が楽しみです」（玉袋）

玉袋 それで前田さんは、新間さんにステーキを食わされてプロレス入りを決意するっていう（笑）。

ガンツ じゃあ、本当に佐山さんと新間さんがいなかったら、プロレスラー前田日明は誕生してなかったんですね。

玉袋 それが公園で田中正悟さんを偶然見かけたのがきっかけっていうのがすげえよ（笑）。

ガンツ 佐山さんはUWFを格闘技に変えようとして反発されましたけど、シューティングもグレイシーが出てきてから一気にルールを変えましたよね？

佐山 はい。

ガンツ でも、それによってシューティングルールにこだわる選手からは反発を受けて。

佐山 それはしょうがないですよ。でもルールを変えないとグレイシーには追いつけないですからね。

玉袋 でも結局、いまの総合は全部バーリ・トゥードになっているわけだから、佐山さんは先見の明があるんだよな〜。

椎名　あの時点で、総合というものが先に進むなと思いましたか？

佐山　思いましたね。実際にＵＦＣがあれだけ大きくなって、技術も進化して。ああいう世界を作ってくれたのはうれしいですよね。ほとんどがボクのルールじゃないですか。

ガンツ　オープンフィンガーグローブも佐山さんですしね。

佐山　オクタゴンだってシューティングが最初だし。あの八角形っていうのは天皇の玉座の意味ですからね。

ガンツ　そうだったんですか！

佐山　でもいちばん誇れるのは、ルールやグローブ、リングの形じゃなくて、技術が変わっていないことですね。あの頃、「将来、総合格闘技はこうなるよ」と予言したものが形になっているのがいちばんうれしいですね。

ガンツ　昨年、佐山道場を作られてから、ひさしぶりにＵＦＣをご覧になられたんですよね？

佐山　弟子たちがボクに見せてくるんですよ。総合の技術の基本は変わっていませんけど、進化していましたね。でも、それよりもボクらは進まなくちゃいけない。やっぱりＵＦＣを倒したいですね。

玉袋　おー、いいですねー！

ガンツ　佐山道場からＵＦＣのチャンピオンが生まれたら最高ですね。

玉袋　そりゃたまんないよ。

佐山　できると思いますよ。それはボクが凄いんじゃなくて、いま佐山道場に集まっているのは凄い素質を持った選手ばかりなんですよ。もともとがアスリートだから、教えたことをいとも簡単に覚えていきますから。いま教えているのは柔道の阿部一二三選手と引き分けた選手とか、全日本でベスト8に入った選手とかそういうのばかりが集まってくるんです。道場のオーナーが「一般人は集めず、アスリートとしての能力がある者だけに教えて、世界に打って出よう」という考えなんですね。「儲けなくていい」って言うんですから。

ガンツ　だから一般会員は取らず、内弟子しか取らないと。

佐山　そうですね。それで立派な道場を作って、５０００万くらいする建物も自分で購入してそこを寮にして。ボクも教えがいがありますけどね。

玉袋　最新鋭の〝虎の穴〟ができあがっているってことですね。

ガンツ　それで佐山さんの息子である佐山聖斗さんも格闘技を始めたんですよね。

佐山　若い頃からやっていたら凄い選手でしたね。

玉袋　バスケをやられていたんですよね。

佐山　はい。神奈川県の最優秀選手でしたね。だから格闘技

をやってもスピードがあって、蹴りやパンチなんかも速いんですよ。いまから選手になりたいのかどうかは知りませんけど、もともとアスリートなんで素質は抜群ですね。

玉袋 佐山サトル物語が、息子に引き継がれてるっていうのが最高ですよ。じゃあ、今後の佐山道場は楽しみですね。

佐山 楽しみです。やるからには総合格闘技のてっぺんを見てみたいですね。UFCも進化していますけど、まだあそこがてっぺんだとは思わないので、いつか本当のてっぺんを見てみたいと思います。

玉袋 じゃあ、我々もそれを見るために長生きしよう！（笑）。

佐山 てっぺんの技術が見られるのはボクが死んだあとかもしれないけど、みんなで長生きしましょうね（笑）。

第111回

プロ素人格闘技とは何か？

椎名基樹

椎名基樹（しいな・もとき）1968年4月11日生まれ。放送作家。コラムニスト。

最近の格闘技のトレンドは「プロ素人」によるエキシビジョンマッチのようだ。

元ボクシング世界5階級チャンピオンのフロイド・メイウェザーと人気YouTuberのローガン・ポールの対戦が6月6日に決定した。ルールは未定とのことだが、基本的にはボクシングルールで闘うしかないだろう。

この試合を煽るための「舌戦」のニュースがヤフーニュースでもトップで取り上げられていたので、読んだ人も多いのではないかと思う。顔を突き合わせて罵詈雑言を浴びせていた両者だったが、突然ローガン・ポールがメイウェザーの被っていたキャップを「ボーシ、もらいー！」と言いながら取り上げ逃げ出した。メイウェザーは激怒して追いかける。両者の陣営が入り乱れての大乱闘となった。ネットの書き込みには「おまえら小学生か！」と冷笑の言葉が飛び交った。

ローガン・ポールはアメリカ人の26歳。中学生時代から趣味でYouTube動画制作をしていた。大学時代から本格的にYouTubeやFacebookにコメディー動画を投稿し始め、さらに動画投稿に注力するために、大学を中退しロサンゼルスに拠点を移した。年収14億円相当らしい。

2017年に日本の青木ヶ原樹海で自殺者の死体を撮影した動画を配信したことで、世間からの非難が集中した。ポールは謝罪を表明し動画を削除した。

今回の「舌戦」においてメイウェザーはこの不祥事に触れて、「俺が最後に試合をしたのは日本だ（那須川天心戦）。その日本を侮辱したことは許さない」というようなことを語ったらしい（なんのこっちゃ）。

ローガン・ポールの最初のボクシング活動は、2018年8月、イギリスのマンチェスターでYouTubeボクシング王座（そんなタイトルがあるのか!?）を保持するイギリス人YouTuber・KSIとの対戦である。アマチュアルールで闘った。「歴史上最大のインターネットイベント」とか「史上最大のアマチュアボクシングマッチ」と喧伝され、価格10ドルのペイパービューを120万件売り上げた。

翌年ふたたびKSIと今度はプロボクシングのクルーザー級6回戦として試合を行い、約1億円のファイトマネーを得た。この試合はDAZNアメリカが中継したボクシングの歴代最高視聴者数を記録した。ボクシング関係者からは「ボクシングへの侮辱」など批判の声が挙がった。

しかしデオンテイ・ワイルダー、アンソニー・ジョシュア、タイソン・フューリーらプロボクサーからは擁護の声が挙がった。ニューヨーク・タイムズでも「この試合は停滞しているボクシングに、新規ファンを呼び込むことになるだろう」という内容の記事が掲載された。

フロイド・メイウェザーは2017年8月、UFCのウェルター級王者コナー・マクレガーとボクシングルールで対戦。この試合はペイパービュー最多販売記録歴代2位の430万件を獲得した。ちなみに1位はフロイド・メイウェザーvsマニー・パッキャオの450万件だそうだ。

ゲート収入は、同じくアメリカ歴代2位の5540万ドルを記録。イギリスでもペイ・パー・ビューを100万件以上売り、イギリスのペイパービュー売り上げ記録を更新した。また、この試合に賭けられた金額の総計が歴代最高だったメイウェザーvsパッキャオの5000万ドルを塗り替える6500万ドル（約70億円）に上った。総合格闘技のスーパースターであるマクレガーは、ボクシングの試合においては、いわば最強の「プロ素人」であった。

メイウェザーvsマクレガーは歴史的な成功を収めた興行となり、ファイトマネーとペイパービューの歩合収益などを加えて、最終的にメイウェザーは2億7500万ドル（約300億円）、マクレガーは8500万ドル（約95億円）を稼いだ。

2018年、フロイド・メイウェザーは、ご存知のように『RIZIN.14』で那須川天心とボクシングルールで対戦した。

昨年末に開催されたRIZINでもっとも反響があった試合は、YouTuberのシバターとキックボクサーのHIROYAの対戦だったのではないだろうか。ミックスルールで行われ、1ラウンド目はキックボクシングルール、2ラウンド目は総合格闘技ルールだった。YouTuberのシバターが勝利した。

2017年5月にABEMAで「亀田興毅に勝ったら1000万円」が放送された。視聴者数は1420万回に達し、ABEMAの視聴者数歴代最高記録を更新した。

私の記憶にあるものをざっと書き出しただけなので、かなりいい加減な見解であるが、「プロ素人格闘家」によるファイティングイベントの潮流は、2017年の亀田興毅から始まったようである。

しかしメイウェザーとマクレガーは、試合のかなり前から舌戦を繰り返し興行を盛り上げていた。やはりこの試合の歴史的な大成功が現在の「プロ素人格闘技」の流行の根源と言えるだろう。ただ同じ時期に日米で、申し合わせたように「プロ素人格闘技」の機運が高まっていたらしい。

しかし、この「プロ素人格闘技」といえば、やはり日本の総合格闘技全盛期時代を忘れてはならない。「曙vsボブ・サップ」や「金子賢vsチャールズ・ベネット」など多数の迷試合が生まれた。ところで、これらの試合をいま観ると、曙は圧力が凄いし、も凄くがんばっている。あと解説席に貴乃花がいることにも驚いた。金子賢は、この試合以外にも総合ルールで所英男と、K-1ルールでボビー・オロゴンと闘っている。凄い勇気だと思う。

やはり現在の「プロ素人格闘技」ムーブメントの母国は日本と言って差し支えないのかもしれない。胸を張って誇ることはできないが、日本の格闘技界の手法は、意図せずに未来の格闘技の姿を先取りしていたようだ。

今月のインタビューで佐山サトルが嘆息しながらつくづくと「俗世は嫌だ」と言っていたことを思い出したりもするけれど……（笑）。

[女優・タレント]

西村知美

収録日：2021年5月10日
撮影：タイコウクニヨシ
聞き手：井上崇宏

「こうして自力で息を吸って吐いてが
できているというだけで幸せ。
屋根のある家に住んでいて、ベッドもあって、
かける布団もある。自分を支えてくれる
家族もいて、明日もとりあえず生活ができる。
私は凄く恵まれた人生を送っているんだなー
って思いますねー」

元気があればなんでもできる！
世の中が乱れ、混乱したときこそ
トロリンの出番!!

「心に毛が生えているのか、本当に悩みがなくて凄く不思議なんですよ……」

――西村さん、ちょっとだけご無沙汰してました！

西村　こちらこそご無沙汰してました。いつもいろいろとお世話になっていてありがとうございます（にっこり）。井上さん、なんかお顔が焼けてませんか？

――じつはちょっと、しばらく鬱っぽくなってました。たぶん自粛で。

西村　えー、本当ですか？

――あっ、そんなに重く受け取らないでくださいね。それできのう友達から「日に当たったほうがいい」って言われて、多摩川のほとりで2時間くらいボーッとしていたので、それでちょっと焼けたのかもしれないですね。

西村　そうなんですね。やっぱり日に当たるって大事なんですね。

――そんな感じなので心が西村さんを欲してしまいまして、今日ものこのこと会いにきてしまいました（笑）。

西村　また、そんな（笑）。私はブログにも書かせていただいたんですけど、本当にこうして『KAMINOGE』さんに出させていただくのがありがたくて。でも「そろそろ読者のみなさんも飽きているかもな……」って。もしも「また西村か」ってなっていたらと思うと、それは申し訳ない気持ちでいっぱいですけど。

――それは違います。読者もみんな西村さんを待っています。

西村　それで、お身体は大丈夫ですか？

――しばらく調子が悪かったんですけど、西村さんのマネージャーさんから今日のお取材オッケーだという一報をもらった瞬間に治りましたよ（笑）。

西村　えっ？　またそういうふうに言っていただいて（笑）。

――なので、今日も元気が出るお話をたくさん聞かせてください（笑）。

西村　元気が出るお話を？　なんでしょうねえ……。

――西村さんは調子を崩すことってあるんですか？

西村　私はですね、よくみんなから「悩みがないよね」って言われるんですけど。

――そんなわけないのに言われがちでしょうね。

西村　いえ、たとえば「眠れない」っていうことがいままで一度もないんですよ。

――一度も（笑）。

西村　そうなんですよ。だからこの歳だとそろそろ更年期障害が入ってきて足腰が痛いとか、「眠れないんだよね」って睡眠薬のようなものを夜に寝るお供に、っていうのがまったくなくて。いまはSNSの時代でみなさん誹謗中傷やら何やらで心を痛めていらっしゃるっていうことが凄く多いんですけど、私は免疫がついているのか、心に毛が生えているのか、本当に悩みがなくて凄く不思議なんですよ……（と首をかしげる）。

——悩みがないことに悩んでいらっしゃいますね（笑）。

西村　そう（笑）。でも、考え方ひとつで自分で立ち直るようにしているんですよね。たとえば人から無視されたりして凄く落ち込んだりとかっていうのも、実際に私もそういう経験がありましたから凄くショックだったというのはどうしてもあるんですけど、そこで考え方を変えたらちょっと違ってくるかなと。無視されたりしたときに「あれ？ 私はこの人にとって空気みたいな存在なのかしら？」って。「いつの間にかそんな存在になれている！」って。

——完全に受け入れられているから逆に存在感がないという。

西村　「この人はきっと、私に対して何をやっても怒らないんだろうと思っているくらい心を許しているんだろうな」と。「だったら家族以上の仲になっているんだ。全然オッケーですよ。いくらでも甘えてください」。こういう考えになれば違ってきませんか？

——本当にそういう考えにすんなりとなれるのであれば。

西村　口に出したらダメですけどね。相手が「えっ？」ってなると思うので（笑）。でも自分の中で思うぶんには自由ですから。たとえ挨拶をしても返してくれなかった方がいらしたとしても、私の中での基準だと「挨拶っていうのはこの仕事では絶対大事なのでかならずしなきゃいけない。でも相手から挨拶を返されないっていうのも当たり前だ」という基準にしちゃえば、「おはようございます！」って挨拶して目も合わせてくれない方でも「それが当たり前だから全然問題なーい」って思うし。だけど9割5分の方はみなさん挨拶を返してくださるじゃないですか？ そうしたら逆にその人のことがめちゃくちゃいい人に見えちゃうんですよね。

——あー、当たり前のことなのに倍うれしいと。

西村　無視されることが当たり前なのに「えっ、この人、挨拶してくれてる。なんていい人なの！」「この人、目を見てくれた！」「えっ、この人、立ち上がってくださる！」ってもう神に思えてくるんですよ。

——神！（笑）。

西村　「あなたは神ですか……！？」って思えるくらいになるので（笑）。だから自分の考え方次第でいくらでも幸せになれるというか、そういうふうに思うんですよねえ。

「病院の帰りに泣きながら歩いていたら、銀座の街角に大きなポスターが貼ってあったんです」

――昔からそういう思考ができていたんですか？

西村　いえ、昔はそういうふうには考えていなくて、あるきっかけがあったんです。私は30代前半のときに不妊治療をしていまして、そのときに「私はなんて不幸なんだ……」としか思っていなかったんですよ。毎日毎日、泣いていた時期があって。

――そうだったんですね。

西村　なかなか子どもができなくて、凄く難しい時期がありまして。不妊治療って病院から急に「この日に来てください」って言われるんですけど、その日に仕事を入れていると行けないから仕事をセーブする形にしなきゃいけないんですよ。でも不妊治療は金額もけっこうかかるから、ちゃんと働かなきゃいけないじゃないですか。そのジレンマもあるから凄く大変で、しかも夫婦でがんばっていかなきゃいけないものを、たいていは途中で旦那様のほうがリタイアしちゃったりとかするパターンが多いんです。

――男のほうがですか。女性のほうが負担が大きいように思えますが。

西村　男性の方のほうが「精神的についていけない」ってなって、夫婦ふたりの願いで子どもがほしいのに、夫婦でのケンカが凄く多くなるんですよ。

――本末転倒ですね。

西村　そうなんです。それで奥さんのほうは旦那様を説得しなきゃいけないから、病院との板挟みになるんです。さらに治療やら何やらで痛い思いをしたりですとか、検査も大変なので、やっぱり奥さんのほうの負担が大きいんですね。それこそ私の場合は数年だったんですけど、10年も治療をやっている方もいらっしゃって。

――不妊治療って大変ですね。

西村　それであるとき、病院帰りに銀座の街を泣きながら歩いていたら、街角に大きなポスターが貼ってあったんですよ。そこには相田みつをさんの「しあわせはいつもじぶんのこころがきめる」という言葉があって、もう私はその言葉に釘づけになってしまって、20分間そこから動けなくなったんですよね。

――あー。天の声ですね。

西村　そこから私は変わりました。まず感謝の気持ちが生まれたということと、「考え方次第で自分で不幸だと思っていても全然不幸じゃないんだ」と。いつも寝る前に考えるんですよ。「今日はどんな1日だったかな？」と思ったときに嫌

なことがいっぱいあったりしても、「あれ、ちょっと待って」って。いま、こうやって寝ているっていうことは、屋根のある家に住んでいて、ベッドもあって、かける布団もあると。そしていま、お腹が空いていないっていうことは食べるものにも満たされていて、明日もとりあえず生活ができる。貯蓄もあって、自分を支えてくれ、自分の生きがいにもなっている家族がいる。ということを考えると「私はどん底じゃないな」って思ったんですね。それこそ、もっと究極的に言えば「あれ、私、自分で息してる」って。

──自由に呼吸もできているじゃないかと。

西村　それこそ生きたくても生きられないということもありますし、自分で呼吸がしたくても酸素吸入とかをしないと無理だと苦しんでいらっしゃる方もいる。いまは特に新型コロナで重症化されてる方もいて、そういうことを考えたら「こうして自力で息を吸って吐いてができているというだけで幸せだな」って。「私は凄く恵まれた人生を送っているんだな」っていうふうに思うと寝られるんですよね。本当に考え方次第で、みなさんも含めて、いま日本に生まれたというだけでも相当幸せな環境にいるんだというふうに思っているので、これは娘にも言い聞かせていますよね。

──西村さん、いま相田みつをを超えた瞬間ですよ。

西村　えーっ!?　超えました？

──いま肩を並べました。いや、西村さんがギリ勝ってます（笑）。

西村　私はまったく相田みつをさん以上の言葉を言ったつもりはないですが（笑）。

──「いきをすってはいてができるというだけでしあわせだなあ　ともみ」って居酒屋のトイレに貼っておきたいですよ。

西村　いえいえ、私の言っていることは全部受け売りなんですよ。だって「息を吸って息が吐けることが幸せ」っていうのはなんの受け売りかと言うと、昔、フジテレビさんで『笑う犬の冒険』っていう番組がありましたよね。あそこではっぱ隊という南原清隆さんやネプチューンさん、ビビる大木さんとかいろんな方たちがメンバーにいた中で『YATTA!』っていう曲を歌っていたんですよ。その中で「ヤッタ！　ヤッタ！　9時間睡眠」とか「ヤッタ！　息を吸えるヤッタ！　息を吐ける」という歌詞があるんですね。私はあの歌が大好きで、何度救われたことか。その受け売りなので、べつに私は誰も超えていないです（笑）。

「20代の頃から趣味で人間ドックに通っていたんですけど、お医者さんに閉め出しをくらったんです」

──でもボクはいま西村さんに救われましたから。ボクも今日から夜寝る前はそういうふうに思うようにしますよ。

西村　何をおっしゃいますか。根っからのアレじゃないですか。

――根っからのなんですか？（笑）。

西村　井上さんは根っからの…………太陽の心の持ち主じゃないですか。

――西村さん！　めちゃくちゃ言葉に詰まったのちに適当なことを言わないでくださいよ（笑）。

西村　もう照らして、照らして、みなさんがまぶしいっていうくらいまわりを光らせてくれていますよ。

――えっ、西村さんにとってボクってそんなイメージですか？

西村　めちゃくちゃそんなイメージです。私も毎回めちゃくちゃパワーをいただいています。

――あー、本当ですか。乗り切れるなあ。

西村　だって井上さんは聞き上手ですし。聞き上手って才能ですからね？

――うわ～っ、ありがとうございます！

西村　私はいつも一方的にしゃべるばっかりなので、人の話を聞くっていうのが苦手なんですね。だから勉強しなくちゃと思って。

――すべては気の持ちようだというのはわかったんですが、お身体で悪いところもいっさいないんですか？

西村　うーん。盲腸で手術をしたりとか、ポリープを取ったりとかはあるんですけど、元気ですね。

――ちょっと体調がよくない日があったりとか、ここが痛いとかっていうのもなく。

西村　特に女性の方に多い「今日はちょっと体調が悪いからごめんなさいね」っていうのが私にはまったくないんですよ。なんでしょうね？　小さいときから熱が出ようが何しようが学校に行かされていたんですね。「とりあえず行ってこい」と。

――そういう時代でしたよね。「行けば治る」とか（笑）。

西村　小さい頃、姉がコケて石かなんかに頭をぶつけたことがあるんですよ。それで顔じゅう血だらけで家に帰ってきたので、さすがにこれはは親も対処するだろうなと思って子どもながらにじっと見ていたんですね。そうしたらウチの母が「あらあらー」って雑巾で姉の顔を拭いて終わりだったんですよ。「えーっ、これでも病院に連れて行ってもらえないの!?」と。私はそのときに覚悟しました。

――覚悟した！（笑）。

西村　「頭から流血した程度じゃ病院には連れて行ってもらえない家なんだ……」って覚悟しました。さすがにそのときはビックリしましたね。いまだに姉はおでこのところに傷跡が残っていますからね。だから私はいまでもちょっとやそっとじゃ病院に行かないです。「気のせいだ」と思いますね。

――むしろ病院はお嫌いですか？

西村　いえ、私は好きなことは好きなんですよ。やっぱり「健康体でいなきゃ」っていう意識は持っているので、趣味で人間ドックに通っていたんですね。

――趣味で人間ドック（笑）。

西村　20代の頃から趣味で通っていたので、お医者さんのほうから止められました（笑）。

――えっ、どういうことですか？　人間ドックに来すぎだと？

西村　何か悪いところがあるかもしれないから検査に行くわけじゃないですか？

――まあ、そうですし、無症状でも病気の早期発見という目的もありますよね。

西村　だから20代のときに「私は身体が心配なので、大丈夫だと安心するために来ているんです」って言ったんですよ。そうしたらお医者さんに「本当にどこも悪いところはないから。次は40歳を超えてから来て！」って言われて閉め出しをくらったというか。

――ドクターストップがかかったと（笑）。

西村　それで人間ドックにはあまり行かなくなって、そこから私の趣味は献血になりましたね。

――折衷案ですね（笑）。

西村　主人（元ＣＨＡ－ＣＨＡの西尾拓美）との最初のデートも献血ルームだったので、主人も「どこに連れて行かれるの？」みたいな（笑）。でも献血は本当におすすめですよ。最近は遺伝でコレステロール値が高いので、そのお薬を飲むようになってからは献血ができなくなってとても残念なんですけどね。献血ルームはドリンクが飲み放題だったりとか、場所によってはハーゲンダッツのアイスクリームをくれたりとか、ネイルをしてくれたりとか、いろんなサービスがそれぞれに工夫されていて。カフェみたいになっているところもありますし。

――漫画とかも置いてあったりしますよね。

西村　そうなんですよ。そういうのでもちょっと通いたくなりますよね。しかも、それで誰かの役にも立てるなら最高じゃないですか。さらに血の検査の結果もあとで送ってくれますし。

――ついでに無料で血液検査もできますもんね。

西村　自分で血液検査をしたら有料なのに、無料でできるっていうのはいいとこ尽くし（にっこり）。もし健康体であれば、体重や年齢の制限はありますけど、ぜひ献血ルーム巡りっていうのをみなさんにおすすめしますねー。

「にんにくを大量に買ってきて、コロナ禍で幸せをひとつ見つけましたね（にっこり）」

――なんで最初のデートが献血だったんですか？（笑）。

西村　「こんなに素晴らしい空間はない」と思っていたので、その喜びを共有したいなと思ったんですね。

——ちゃんとした理由があるんですね。

西村　まあ、驚かれましたけど（笑）。

——そうして西村さん自身は健やかに過ごされている中で、たとえば仲のいいお友達がちょっと調子を崩したりっていうことが、歳を重ねるにつれて増えると思うんですけど。

西村　女性は特に季節の変わり目だったりとかに体調を悪くされる方が多いですからね。私はあまり熱とかが出なくて、たとえ出ても意外としっかりしているんですよ。だから全然大丈夫なんですけど、微熱だけでもフラフラでっていう方もいらっしゃるので、そういうときは会う約束をしていても「いいよ、いいよ。ドタキャン全然ＯＫ！」って。

——ドタキャンＯＫ。

西村　いまはコロナ禍でなかなか会えないですけど、親友と会うときに最初から約束していることがあって「家族優先、仕事優先、体調優先。なのでドタキャンは全然ＯＫだよー！」って。

——あー、いいルールですね。

西村　ただ、そこで唯一、たとえば舞台を観に行くときなんかはチケットがあるじゃないですか。そうするとドタキャンになる場合はほかのどなたかにチケットを譲っておいてくださいっていう、そこだけは特例のルールとして設けていますね。とにかく「おたがいさま」っていうことでやっています。

——コロナが思ったよりも長引いていますけど、西村さんは自粛生活に関してはへっちゃらですか？

西村　もともと私の趣味は歩くことなんですね。毎日、それこそ雨の日でもお散歩するし、お休みの日は5時間くらい歩くほど大好きなんですよ。でも、いまは自粛の自粛で徹底した感染対策をやっているので、仕事以外はずっと家にこもっているんですね。スーパーの買い物もネットでやって宅配してもらったりとかしているので、あれだけ歩いていたのが歩けなくなって、外に出るにしてもベランダぐらいしかない。それはちょっとつらかったんですけど、じゃあ、ここはひとつ考え方を変えて……。

——おーっ！

西村　「いましかできないことを見つけよう！」と思ったんですね。みなさんの中にもそうやって気分転換をして楽しいことを見つけてやっている方が多いと思うんですけど、今回のゴールデンウィークも、主人が飲食業なので5月末までお店を閉めているんですね。なので主人も家にいる時間が多くなったんですけど、そのときに「普段できないことで何をやる？　そうだ、にんにくを食べよう！」と思ったんですよ。

——なるほど（笑）。人と会わないなら匂いも気にならないぞと。

西村　普段は娘からも「にんにくは絶対にNG！」って言われていますし、私もラジオを毎週やらせていただいているので、にんにくはどうしても食べられないんですね。大好きなのに。だけど、ずっとずっと我慢していて、それがコロナの自粛で我慢しなくてもいいと。そこでもうにんにくを大量に買ってきまして「にんにくご飯を作ろう！」ってなって。

――ガーリックライス的なやつですか？

西村　いえ、炒めるんじゃなくて炊き込みなんです。でも炊飯ジャーがにんにく臭くなるのは嫌だったので、土鍋にお米とにんにくのゴロッとしたのを山盛りに入れて炊くんですよ。それで炊けたらバターと醤油、ちょっとだけお塩をかけて、それからまた蒸らすんですね。そしておこげと一緒に食べるともうおいしいですよー。

――めちゃくちゃおいしそうですね。

西村　にんにくがお芋さんみたいにふっくらして。しかも何個入ってるんだっていうくらい大量に入れたので、めちゃくちゃおいしかったです。コロナ禍で幸せをひとつ見つけましたね（にっこり）。

――にんにくを死ぬほど食べる幸せ（笑）。

西村　それで主人にも「このお休みで何をやりたい？」って聞いたら、「アメリカンな休日をやりたい」って言ったんですね。

――アメリカンな休日とは？

西村　外に出られないからバーベキューはできないですよね。だから「家でやるアメリカンな休日ってなーに？」って聞いたら、主人はサンフランシスコに1年間住んでいたことがあって、向こうでの休日って友達が入れ代わり立ち代わりで家に遊びに来るんですって。だから昼からスタートすると、ずっと料理を一品ずつ作って、一品出してはみんなで乾杯してっていう、そういうのをやりたいと。もちろんお客さんは来ないので私と娘しかいないですし、お酒も飲めないので食べるオンリーなんですけど、主人が昼からずっとキッチンに立って一品ずつ作ってくれたんです。

――へえー、凄い！

西村　食材も家にある安いものを使って、いろいろ考えながら作ってくれるんですけど、安いお肉でも主人の手にかかると柔らかくなるんですよ。そうやって工夫をしながら一品一品作ってくれて、そのたびに私と娘は映画とかアニメを観ながらずっと食べるだけっていう（笑）。それで気がついたら「あれ？　夕御飯の時間だね」みたいな感じでそのまま夕御飯に突入して。あの日は1日で2キロ近く太りましたね（笑）。

「ダークな私を出していきたいなと思って
Voicyを始めたんですけど、
なかなか難しいですね」

——食いすぎですよ（笑）。ご主人は普段は飲食店をやられていて、厨房にも立たれているんですか？

西村　主人は料理人なので、店長兼シェフなんですね。

——そうなんですか。料理人の方って意外とオフの日はフライパンも握りたくないっていう人が多いですよね。

西村　そうですよね。でもですね、主人は本当に料理が好きなんですよ。お義母様はもちろんそうですけど、お義父様もお兄様も妹さんもご家族みんな料理が得意なんですよ。だからお兄様の家に遊びに行くと、メニュー表が出てくるんですよね。

——そこまで（笑）。

西村　主人には10代のときからの夢が3つあって、ひとつは「歌手になること」。これはCHA－CHAで叶えましたよね。それと「料理人になること」。いま叶えてます。そして3つ目は「イカの研究がしたい」。これだけまだなんですね。

——イカの研究とは？（笑）。

西村　なんかダイオウイカの研究がしたいらしいんですけど、これがまだ叶っていないから第3の人生をどうするかがまだわからないんですよね。とにかくイカが大好きみたいで（笑）。

——たしかにダイオウイカはいまだ謎多き生物ですからね。

西村　だからとにかく主人は料理が大好きだから、ときどき「仕事で朝早いからよろしくー」って言ったら、娘のお弁当も喜んで作ってくれますから。

——めちゃくちゃいい旦那さんですね。

西村　私はそれがありがたくて、もう褒めて褒めて褒めまくって。

——褒めて褒めて褒めまくって。

西村　それで私が楽になるんだと思えば。ネットで「主人が喜ぶ言葉」みたいなのを一生懸命に探したりして（笑）。

——そこでなんでググるんですか。心からの言葉を言わないとダメじゃないですか（笑）。

西村　いやいや、どんな言葉で言うかも大事じゃないですか（笑）。

——西村さん、ご主人も『KAMINOGE』に出ていただくことって可能ですか？

西村　えっ、出していただけるんですか？

——ダイオウイカへの愛とかいろいろ聞きたいです（笑）。

西村　ちょうど私、今月からVoicyっていう声のブログを始めたんですね。それでゴールデンウィークに主人にも特

別参加をしてもらったばっかりで。本人に聞いてみますね。

——よろしくお願いします。西村さんがVoicyを始めていたのは知りませんでした。

西村　やってるんですよー。Voicyは、できたらダークな私を出していきたいなと思って始めたんですけど、やっぱりなかなか難しいですね（笑）。

——『KAMINOGE』でもまだお出ましになられていないダークな西村さんって、どんな感じなんですか？

西村　ないものねだりというか、昔から凄くお世話になってかわいがっていただいた方たちから「芸能界で長くやっていくにはいいコじゃダメなんだよ」とよく言われていて。

——それはよく聞く話ですね。

西村　アイドルのときはまわりの目にも気をつかって、ちゃんといいコになってなきゃいけないというのがありましたけど、20代、30代を超えていくと、映画の監督さんには「したたかな女にならなきゃいけないよ」って言われたし、永六輔さんにも「いい人だとこの先つらくなるよ。いろんな面を出さなきゃいけない」っていうようなアドバイスをいただいたりして。でも、なかなかしたたかな女っていうのも難しくて、自分の中でまだ理解ができていないから、これからできるのか、それとも自然と出てくるのかもしれないなと。そこらへんをもっともっと勉強しなきゃと思っているんですよねー。

——えー。そこを出さずにここまできていらっしゃるんですから、無理することもないんじゃないですか？

西村　でもみなさんは、テレビとかラジオでは話せないような裏の本音みたいな、言いたいけどやっぱり言えなかったってところを聴きたかったりするのかなーと思って。それを私が最初に試みたのが19歳のときなんですけど。

——そんな前から模索していたんですか（笑）。

西村　当時、エッセイ集を出したんですよ。本当は、これは言っちゃっていいのかな？　私たちの時代はみなさんゴーストライターさんが書かれていたんですけど、私は「自分の言葉で、自分で書きたい」って言って、19歳のときに『夢幻童子』という本を出させてもらったんですね。「これはチャンスだ。5年間溜まっていたものをここで出そう」ということで。

「私が早く作ってほしいのは、材料をそのまま電子レンジに入れたら料理ができあがるっていう魔法の家電」

——恐ろしいことを画策していたんですね。

西村　芸能界に入って理不尽だなと思ったこと、これはちょっと違うんじゃないかと感じたこと、いじめられて大変だったとか、もう本音の暴露本みたいなものにしようと思って。

——暴露本！（笑）。

西村　もうそれを出すのが凄く楽しみで、もちろん最初から「暴露本を出します」っていう言い方をしたら出せないので、あえて言わずに「エッセイを書きたいんです」と。それでとにかく本音で書きまくって、出版されるまでに自分で5回くらい書き直しをしたんですけど、見事にどんどん変わっていったんですね（笑）。

——どんどん頭が冷やされていって（笑）。

西村　まわりから「これはちょっと書きすぎじゃないの？」とかっていうのはなく、ただ単に脱字、誤字の訂正だけだったので、べつに何かを制限されたわけではないんですけど、私自身が読み返すたびに反省しちゃって「あれ、これは誤解されちゃうかな？」とか「ご本人が読んだら心を傷つけてしまうかな？」とか、いろんなことを考えているうちに5回目の書き直しのときにはもの凄く無難な、当たり障りのない文章になっちゃって。そのときに「あー、私には暴露本は無理だ……」って思いましたねー（笑）。

——要するに西村さんの中にダークな部分があるというよりも、ダークあこがれですよね。

西村　あこがれですー。ちょっと辛口なこととかも言ってみたいんですよ。だけど辛口って言えないもんですね。もしかしたらもういっぱい言っちゃってるのかもしれないし、失言も多いのでNGワードもいっぱい出しちゃってるかもしれないですけどね。でも、もっとダークな西村を出したかった人生でした。

——総括（笑）。

西村　でも、これからVoicyで出るかもしれませんよ？　とりあえずいまは毎日アップしています。

——楽しみにしていますよ。

西村　Voicyも、このコロナ禍だからこそ私もスタートしたというか、やっぱり時代時代に合わせたものってありますよね。井上編集長さん！　これから何がくると思いますか？

——えっ、これから流行るものですか？　なんでしょうかねえ……。

西村　先を見る男！　井上編集長さん！　どうでしょうか！

——いきなりダークな部分が出てきましたね（笑）。

西村　ウフフフ～。いまは声のメディアや、3D、4D、5Dと出ていますけど、とにかく私が昔から早く作ってほしいと言っているのが、材料を切らずにそのまま電子レンジに入れてチンしたら料理ができあがってるっていう魔法の家電。

——食材を入れるだけで。あっ、でもそれはなんかできそうですよね。

西村　だってすでにパンなんて、粉とかの材料を入れたらもうできあがっているじゃないですか。ということは絶対できるようになるから、早くその時代が来てほしいです。クルマだってハンドルに触らなくても勝手に運転して、どこでも連れて行ってくれるような時代が来るじゃないですか。

——そんなクルマ、西村さんにとっては朗報でしかないですよね。

西村　そのために私は、まったく運転していないのにゴールド免許を汚さずに更新し続けておりますから（笑）。そのときを誰よりも心待ちにしております。

——すみません、ボクもちょっと気の利いたことを思いつきたいですね。

西村　人が想像できるものはかならず形になるってみなさんおっしゃいますからね。あとはお風呂も全自動になってほしい。まず洋服を脱がせてくれるところから機械がやってくれて、マッサージチェアみたいな感じで身体を全部洗ってくれるんですよ。

——ガソリンスタンドの洗車機みたいな（笑）。

西村　まさにそれです。人間も洗車みたいに全部やっていただきたいですねー。あとはボタンひとつでボンって一瞬にして42°Cのお湯がたまるとか。これもできると思うんですよね。

——うーん、それもできそうではありますね。

西村　絶対にできます。なぜかと言うと、20年くらい前に新婚旅行でラスベガスに行ったとき、現地でショーを観たんですね。凄いんですよ。ステージがスケートリンクになっていて、スケートをやっていたのに飛び込んだら一瞬でそこがプールになったんですよ。飛び込みができるって相当な深さですよね。それが可能だということはお風呂のお湯でもできるはずですからね。

——ショーを観ながら、そんなことを考えていたんですか。

西村　あとは自動で髪を乾かしてくれて、爪まで切ってくれるみたいな。そこまでフルでやってくれる時代が早くきてほしいですね。でも、そうなったら息を吸って吐いてってだけになっちゃいますよねー（にっこり）。

西村知美（にしむら・ともみ）
1970年12月17日生まれ、山口県宇部市出身。女優・タレント。1984年11月、姉が写真を応募したことで雑誌『Momoco』のモモコクラブに掲載され、同雑誌が主催した『第1回ミス・モモコクラブ』でグランプリを受賞。これがきっかけとなり芸能界入りし、1986年3月に映画『ドン松五郎の生活』でデビュー。同時に主題歌『夢色のメッセージ』でアイドル歌手としてもデビューを果たす。その後は、ドラマやバラエティ番組、声優や絵本作家として活躍。1997年、元タレントでCHA-CHAのメンバーだった西尾拓美と結婚して、愛娘を授かる。現在も精力的に芸能活動中。

兵庫慎司のプロレスとはまったく関係なくはない話

第72回 訃報がどんどん飛んでくる

ツイッターが生活に根づいて以来、「訃報がどんどん飛んでくる」という現象があたりまえになったが、あれ、どうにかならないもんだろうか。

と、思っている対象が「訃報」だけに、「どうにかならないもんだろうか」という疑問を呈すること自体が、不謹慎に受け取られかねない。なので、ウェブで書くのはやめて、紙媒体である『KAMINOGE』に、こうしてこっそり書いている。最近多いなこのパターン、俺。というところまで含めて、本当に、どうにかならないだろうか。

誰かのツイートで、有名人の訃報を知った場合。はたして俺は「ご冥福をお祈りします」とか、ツイートするべき？ していい資格、ある？ と、そのたびに考える。で、多くの場合、「ない」と判断して、やめる。

たとえば、AC／DCのマルコム・ヤングが亡くなった時。ツイートしなかった。中高生の頃、よく聴いていたし、大人になってから来日公演にも行った程度は好きだったが、代表的なアルバムを数枚持っているくらいなので、熱心なファンとは言えない。なら、何か言う資格はない、と、判断して。

エドワード・ヴァン・ヘイレンが亡くなった時は、ツイートした。中学で初めてバンドを組んで最初にコピーしたし、それ以降もずっと聴いてきたし、ものの考え方の面で影響を受けてきたところもある。これはファンと言っていいだろう、ツイートしてよし。という結論に至ったので。

と、海外の場合はまだ、そんなふうに「自分はその資格があるかないか」で決められるが、これが国内になると、ちょっとややこしくなる。たとえば小松政夫。子供の頃、『みごろ！たべごろ！笑いごろ！』などのテレビを観てゲラゲラ笑っていたし、中学の頃に自分の神＝ビートたけしが「小松さんの芸はすごい、観る会を作りたいくらい」と『オールナイトニッポン』で語ったのがきっかけで、さらに一目置くようになったし、30年くらい前に一回、2年前に一回、インタビューしたこともある。著書も持っている。が、ツイートはしなかった。

兵庫慎司

兵庫慎司（ひょうご・しんじ）
1968年生まれ、広島出身、東京在住、音楽などのライター。プロレスラー・格闘家・及びその関係者の訃報に対して、本誌井上編集長はどのようなスタンスなのか、じっくり話をうかがいたいところですが、『KAMINOGE』とペールワンズのアカウントはあるけど、個人名のアカウントは作ってないのか、考えたら。でも、サムソン宮本が亡くなった時の追悼記事、とても誠意を感じるテキストでした。

これぐらいでは、ツイートしていいくらいのファンとは言えないよなあ、と思ったので。

という按配なので、竹内結子の時も、三浦春馬の時も、当然、黙っていた。そりゃあ驚いたし、残念に思ったが、普通に映画やテレビで観ていた程度の自分に、何か言う資格はない。

自分に近い、音楽業界、特にミュージシャン界隈の訃報だと、事態はさらに複雑化する。赤い公園の津野米咲の時。もちろん何も言わなかった。インタビューしたことないし、ライブも数回観たことがある程度だし。すごい才能の人だと思ってはいたが、それは「亡くなった時に何か言ってい い」と、イコールではない。

村上〝ポンタ〟秀一。僕は中3から大学を出るまでドラムを叩いていたのだが、ずっとポンタモデルのスティックを使っていた。今でも仕事机の横のスティックホルダーに十数本入っている。つまり、とても影響を受けた人ではあるが、音楽ライターとしては接点ゼロなので、ツイートしなかった。

かといって、自分がよく仕事をしている、フラワーカンパニーズとか、真心ブラザーズとか、ユニコーンとかだったら、ツイートするだろうか……しないだろうな。ツイートしていられるような精神状態ではなくなる気がする、ショックが大きすぎて。

2018年にサニーデイ・サービスの丸山晴茂が亡くなった時に、「これは何か言うべきだろう」と判断して、ツイートできたのは、彼が体調を崩して3年前からバンドから離れていたことと、その病状が楽観視できるものではないことを、知っていたからだと思う。ただし、その後、「ツイートだけですませていいのか?」という気持ちになって、ブログに追悼文を書いた。

さらにですね。時々困るのが、「訃報によってその人の存在を知る」というパターンもあることです。自分がフォローしている人たちが、亡くなった人とつながりがあって、どんどんツイート・リツイートすることで、そこで初めて「そういう人がいたこと」と「亡くなったこと」を、同時に認識する、という。つい最近も、二回あった。ミュージシャンで。

この場合、自分がツイートすべきかしないべきかで悩むことはないが、ただただ微妙な気持ちになるのだった。だって、どういう感情になればいいんだかわからないでしょ、訃報を知らされたこっちは。知らなかったんだから、その人がこの世にいたこと自体。亡くなった側からしても、「私がいたことを知らない人にまで、私がこの世からいなくなったことを、広められても……」ってならない?

とにかく、そんなふうに、「亡くなった」と「それまではいた」をセットで知らされて、「あのあたりでライブしてたのか」とか、「こんなバンドと一緒にやってたのか」とか、ライブ映像を観て「ああ、こんな音楽をやっていたのか」とか、Spotifyで曲を探してみよう、あ、あったあった、とか……あ、じゃあいいのか、ご本人的にも。たとえ亡くなった後であっても、自分の音楽が誰かに聴かれるかも、という機会が増えているんだから。

そうか。でもねえ。うーん。

[CACC スネークピット・ジャパン代表]

宮戸優光

撮影：タイコウクニヨシ
聞き手：堀江ガンツ

「WWE はプロレスリングのベーシックな
部分を大事にしているから世界一の
規模を誇る団体になれた。
里村明衣子選手や鈴木秀樹選手が
WWE にスカウトされたことをきっかけに
日本のプロレス団体も技術や歴史の価値に
あらためて気づいてくれたらいいと思います」

プロレスリングの歴史とルーツを
重んじる WWE が、
ビル・ロビンソンの教え子たちをも
獲得した真意とは？

PRO-WRESTLIN

「WWEがCACCを取り入れようとしているというよりも、もともと〝彼らのもの〟でもある」

――昨年から今年にかけて、里村明衣子選手、鈴木秀樹選手という、かつてここスネークピット・ジャパンでビル・ロビンソン先生の指導を受けた選手が、続けざまにWWEからスカウトされ、選手やコーチとして海をわたったということで。今回はそんな〝闘いの学び舎〟をあらためて取材させていただけたらと思います。

宮戸　ふたりはコーチなんですか？　選手はやってないの？

――里村選手はWWEのイギリス支部であるNXT UKの選手兼コーチで、鈴木選手はフロリダにあるWWEの選手育成機関、パフォーマンスセンターのコーチとして招かれていますね。

宮戸　そうでしたか。そんなことになっているのですね。

――鈴木選手も今後、選手として上がる可能性もあるみたいですけどね。いずれにしても、ここでビル・ロビンソン先生からキャッチ・アズ・キャッチ・キャン（以下CACC）を学んだ選手が、その技術を見込まれてWWEからスカウトされたというのは、おもしろい現象だなと思って。今日はあらためて宮戸さんにCACCについてうかがいたいと思ったんですよ。

宮戸　わかりました。もともとCACCというのは、プロレスそのものだったんだけど。WWEというのは、一見ショーマンシップ重視に見えながら、じつは以前からずっと根本の部分で自分たちの歴史を大事にしてきていると私は思っています。だから今回のことは、ふたりが日本人であったことから、あらためて気づいたということでしょう。でも彼らはじつはずっとそういうことをやってきていた。

――WWEは最近になって急にベースとなるレスリングを重視し始めたわけではないと。もともとアメリカのプロレスも、源流を辿ればCACCに行き着くわけですよね？

宮戸　そうです。プロレスというのは、イギリスのCACCがアメリカに渡って、それが20世紀に入って「プロレスリング」と呼ばれるようになったわけだから。さらに、それ以前の歴史にさかのぼれば、古代レスリングというものは数千年前からあったわけですけれど、たとえばUWFのシンボルマークにもなっている古代レスリングの彫像は、紀元前のもの。あれはコブラツイストに入る体勢だからね。グラウンドコブラ。あの彫像ひとつ見ても、古代のレスリングはすでに相当高いレベルにあり、レスリングというのはあの時代に一度完成されているのかもしれない。

――プロレスの源流を辿ると、数千年前までさかのぼれちゃうわけですね。

宮戸　そして、そのレスリングが数百年前、レスリングの長い歴史の中では〝近代史〟になっちゃうんだけど、イギリスのランカシャー地方でCACCというものになり、それがアメリカに渡ってプロレスリングになっていくわけです。ただ、当初はCACCそのもので、プロレスの初代世界チャンピオンと呼ばれているフランク・ゴッチはCACCの世界チャンピオンですからね。それが20世紀になって、プロレスリングと呼ばれるようになり、アメリカンスタイルに変化していったわけですよ。そしてさらに、そのCACCがアマチュアレスリングのフリースタイルとして始まった。歴史的に見れば、プロレスのほうがアマレスよりも全然先に始まっているんです。だからよく、したり顔の人がプロレスを見ながら「あれはもともとアマレスの技だから」なんて言っているのを聞くけど、あれは完全に歴史誤認だよね。レスリング史から見れば、アマレスを見て「あれはもともとプロレスの技だからね」と言うほうが正しいことなんです。

――現在のプロレスとアマチュアレスリングのフリースタイルは、アメリカに持ち込まれたときは同じCACCだったというのも凄い話ですよね。そういう中で、向こうで言う〝キャッチ〟というものが近年、見直されてはきていますよね。

宮戸　そうですよね。たとえばロビンソン先生がここスネークピット・ジャパンで1999年から丸10年間指導してくださる中で知り合ったジョシュ・バーネット選手は、CACCに非常に興味を持ってくれて、この高円寺で一緒に練習する機会をとても多く持ってくれたわけだけれど。そのことによってロビンソン先生は晩年アメリカでも、さらにはヨーロッパでもCACCのセミナーをかなりの回数やっていましたよね。

――草の根的にCACCを見直す動きが以前からあったと。

宮戸　だから、たしかに20数年前はCACCがもう風前の灯火だったんだけれど、その技術をロビンソン先生が日本の地で残してくれて。ここスネークピット・ジャパンも、コロナになる前の数年間は、日本に数カ月滞在して、わざわざCACCを学びにきた外国人がかなりの人数いましたから。

――カール・ゴッチやビル・ロビンソンの技術といえば、かつては昭和の新日本プロレスやUWF系など、日本のプロレス界の独壇場であった時代がありましたけど。ここ20年くらいは、むしろ海外のほうが需要があったわけですね。

宮戸　新日本プロレスがテレビのゴールデンタイムを外れて以降、日本は活字プロレスが発達しすぎちゃって、ファンもプロレスというものに対して素直に見られなくなってしまったというか。眼鏡に色がついてしまった部分があると思うんですよ。不必要と思える変な知識が邪魔をしてしまって、プロレスをストレートに見ることができなくなってしまった感がある。

UWF

――誰が強い、誰の技術が素晴らしいという、根本の部分がある意味で抜け落ちてきてしまったというか。

宮戸 どうしてもプロレスを斜めから見てしまって、演劇論やショー的な部分の裏話などが興味の中心になって、本質的な興味が違う方向にいってしまいましたよね。

「力道山先生は最初の頃からCACCに触れているからこそ、プロレスに真剣に取り組めたんだと思う」

――いまの日本のプロレスは、WWEに代表されるアメリカのプロレスのエンターテインメント性をある意味でお手本にして形成された部分が多分にあると思うんですけど。その当のWWEが、CACCやかつての日本のストロングスタイルのようなものに価値を見出し始めているのがおもしろい現象だなと思うんですよ。

宮戸 CACCはもともとアメリカにもあったものなんだけれど、日本よりも早くショー的な部分が進んでしまったことによって、失うのも早かったように思います。それでハッと気づいたときには、その技術を知っている人間が、ルー・テーズさんをはじめ、カール・ゴッチさん、ダニー・ホッジさんなど、みんないなくなってしまった。

――伝説的な実力者がみんな亡くなってしまいましたもんね。

宮戸 そのほか、技術を知っているオールドタイマーがご存命であっても、すでに現場で教えられる身体ではなかったり。そういう状況の中で「このままではいけない」という、ひとつの流れだったんじゃないですかね。

――日本では、力道山時代から猪木さんの新日本プロレス、そしてUWF系と、長らくCACCをルーツに持つ技術が重宝されてきましたけど、アメリカではもうずいぶん前から廃れてしまっていたわけですよね。

宮戸 ただ、かつては日本以上にそういった技術を持った選手たちがたくさんいたんですよ。たとえば力道山先生が初めてアメリカでプロレスを学んだとき、当時の有名なCACCの選手たちと練習していますからね。

――力道山がグラウンドレスリングを練習しているモノクロ写真が残っていますもんね。

宮戸 そうそう。力道山先生が初めてスパーリングをして、プロレスの洗礼を受けたのはアンドレ・アドレーだと聞いています。彼はアメリカのキャッチの名手ですから。そして力道山先生は最初にそのアドレーとやって、ねじ伏せられて涙したとも聞いています。そうやって力道山先生はプロレス入門時、CACCに触れて洗礼を受けているわけですよ。だからこそプロレスに真剣に取り組めたんだと思うんですよね。

――本当の実力者とやったからこそ、プロレスをなめることがなかったという。

宮戸　さらに沖識名さんにしても、アメリカでCACCを身につけたひとりでしょう。そういった人のコーチを力道山先生はきちんと受けているわけですよ。そして60、70年代のアメリカのプロレスはたしかに変わったとは言われているけど、当然、その前の世代と触れたレスラーたちがトップにいるわけじゃないですか。

――たしかに世代的にそうですね。

宮戸　だから表舞台に出ている派手な技は技として、その底辺にある基礎をきちっと身につけている人たちなんですよ。先ほど取材前に、CACCをより理解してもらうために堀江さんにも道場で体験入門してもらいましたけど、自分で体験してみて、プロレスのリングで行われている派手な技も、しっかりとした技術の上で成り立っていることが少しわかっていただけたんじゃないですか。

――そうですね。たとえばコブラツイストも卍固めも、バックを奪ったり倒したりする流れの中での〝実戦の技〟だという。

宮戸　それが技の形だけを模倣したら、誰でもやれるプロレスごっこと変わらなくなっちゃうじゃないですか。だから60、70年代のアメリカのレスラーというのは、しっかりとした技術の裏打ちがあった上で、見栄えのする技を使っていたんですよ。

――リック・フレアーなんかはアメリカンプロレスの大御所中の大御所で、一見、ショーマンシップの権化みたいに見えますけど、もともと若手時代はAWAでロビンソン先生の教え子だったわけですもんね。

宮戸　そういうことなんですよ。

――でも、WWEなんかはどこよりも早く「プロレスはエンターテインメントです」と宣言していながら、いまになってレスリングを重要視し始めたのが興味深いなと。

宮戸　いや、先ほども触れたけど、いまになってではないと思いますよ。じつはWWEっていうのは、エンターテインメントだと表では言いつつも、きちんとオールドタイマーをバックに揃えて、技術的な指導をしてきているんですよ。だから試合そのものの動きを見ても、正直、昔のプロレスの試合の流れとは違いましたよ。でも根底にある形は昔のアメリカンスタイルを踏襲していたと思う。

――実際にオールドタイマーやCACC由来の技術を身につけた人を、コーチも含めた裏方として昔から登用していますもんね。たとえばディーン・マレンコが長らく要職に就いていたり、新生UWFに来ていたノーマン・スマイリーもいまWWEのパフォーマンスセンターでコーチをやっていますし。

宮戸　だから今回、たまたま里村選手や鈴木選手という日本人がコーチに加わったことで、突然、ベースのレスリングを重視するようになったかのように日本の人には見えるかもしれない。でもWWEは昔からオールドタイマーたちを大事にして、若手たちのアドバイザーとしてバックステージから試合を見ていたわけでしょ。そして、レッスルマニアの前に行われる殿堂入り式典なんかでは、フランク・ゴッチから続くレスリングのヒストリーをちゃんと紹介してきたわけじゃないですか。

「いまのプロレスを観ていると、何か約束事があるような、決まった型を出し合っているようなイメージがある」

――たしかにそうですね。

宮戸　彼らはCACCからの歴史をちゃんと知っていて、その上でいまの我々があるという認識をちゃんと持っているんだと思う。そういう部分を大切にしてきたからこそ、UFCが出てこようともWWEの人気は落ちなかったんじゃないかと。ボクはいつもそういうふうに捉えていました。ロビンソン先生が亡くなったときも、真っ先に訃報のツイートを出してくれたのはWWEでしたよ。

――そうでしたね。

宮戸　実際にアントニオ猪木会長を殿堂入り表彰したり、ルー・テーズさんにしたって、いずれにしても粗末には扱ってないですよ。

――ルー・テーズ、フランク・ゴッチ、ジョージ・ハッケンシュミット、エド・ストラングラー・ルイス、そして日本の力道山も含めて、伝説的な人たちがみんなレガシー部門でWWE殿堂入りしていますしね。

宮戸　そうでしょ？　だからそういう意味においては、ベースとなるレスリングの重要性を彼らはわかっていた。ただ、いまは時代が変わって現場に入れるオールドタイマーたちがもういなくなってしまった。そういう状況の中で、里村選手や鈴木選手に白羽の矢が立ったということでもあると思うんですよね。

――バリバリの40代くらいで、CACCルーツのレスリングを教えられる選手が日本人だったという。

宮戸　だから、レスリングに対する姿勢はいま変わってきたわけではなく、以前から変わっていないと思う。さらに昔の話で言えば、それはWWEに始まったわけではなく、それこそロビンソン先生をコーチに迎え入れた、かつてのAWAも凄いと思いますよ。それは団体の代表、オーナーであるバーン・ガニアという人の凄さでもある。彼だってアマチュアレスリングでオリンピック代表チームにまで入りながら、ビル・ロビンソンという人をわざわざコーチとして招いたとい

うことは、アマチュアレスリングとはまた違う、プロレスリングの技術への理解も深かったんじゃないかな。

――この前、武藤敬司さんに話を聞いたら、80年代のアメリカにはそういうレスリングができるレスラーがまだいっぱいいたらしいですね。「俺が序盤のレスリングの攻防が好きなのは、あれがアメリカでは当たり前だったから。俺がやっているグラウンドレスリングは新日本スタイルじゃなくて、アメリカンスタイルなんだよ」って言ってました。

宮戸　武藤さんが行かれていたのはフロリダですか？　フロリダはレスリングが盛んで、ベースとなるレスリングができないと馬鹿にされちゃうというような話を聞きましたよ。その序盤のレスリングにしても、いまのプロレスでは、言い方は悪いけど〝約束事〟に見えちゃうじゃないですか。でも武藤さんが言われたレスリングは、そういうことじゃないから。

――だから、猪木さんの試合とか昔の新日本の試合映像を観ると、序盤のレスリングの攻防がなぜおもしろいかといえば、約束事じゃないんですよね。

宮戸　そう。だからあえて言葉にさせてもらうと、いまのプロレスを観ていると、何か約束事があるような、お互いに決まった型を出し合っているような、そんなイメージがありますよね。でもCACCはもちろん、昔のプロレスというのは、その場その場でレスリングをしていたでしょ。逆に言えば、

土台の技術がないとそれはできない。だからいま、何か約束事があるように見えるような動きになってしまうんだと思います。

——〝殺陣〟に見えてしまうんですよね。

宮戸　そうそう。殺陣に見えちゃう。だからボクが「プロレスの世界に行きたい」と思うきっかけとなった、猪木会長とロビンソン先生のような試合は、もう絶対にできませんよ。なぜかと言えば、あれは殺陣じゃないから。しかも当時の世界最高レベルのふたりが、その場その場の技を駆使して、本当の意味で〝攻防〟している。いま、あんな技術レベルの選手はいないわけだから、あんな試合は出てこない。

——だからこそ、40年以上経ったいま観ても魅了されるという。ああいう技術の攻防って、一見地味に見えて、本当におもしろいですもんね。

宮戸　だからWWEはそこをずっとわかっていたんだと思いますよ。あれだけエンターテインメントをうたっても、あるいはショー的にしちゃっても、彼らは歴史をきちんと重んじていたし、道場も捨てなかったじゃないですか。

——アメリカとイギリスにパフォーマンスセンターという世界一設備の整った〝道場〟を作って、選手育成にもいちばんお金をかけていますからね。

宮戸　その育成方法は、かつてのプロレスリングとは違っているかもしれないけど、根底にあるものはズレていないと思いますよ。エンターテインメント路線には行ったけど、根底はきちんと歴史も含めて守ってきていますよ。

——世界一長く続いているレスリングファミリー企業でもありますからね。

宮戸　だから、そこは企業の人間が外からビジネスとしてプロレスに参入してきたのとは違うんですよ。マクマホンファミリーは、かならずしもレスラー上がりではないかもしれないけど、プロモーター側でプロレスにどっぷりの人間たちじゃないですか。WCWはテッド・ターナーがバックで、WWEの真似をしたけれど、レスリングへの理解度が足りないからずっこけたじゃないですか。だからWWEがレスリングそのものを大事にしてきたスタンスというのは、過去からずっと変わっていないと思いますね。

「日本人は現場に古い人が入るのを嫌がるけど、WWEはちゃんと残すべき人を残しているんです」

——日本のプロレス界は、もともとそういったベースとなる技術がアメリカ以上に残っていたはずですけど、近年はそれが軽視されがちでしたよね。それが今回、里村選手と鈴木選手がWWEに行ったことで「そんなに価値があるものだったのか」と気づかされた部分もある気がします。

宮戸　だから、なぜWWEが世界一の規模を誇る団体になることができたのか。学ぶべき点はたくさんあると思いますよ。それは表面の華やかさやスケールだけでなく、それを支えるベーシックな部分こそが大事だというね。WWEのマクマホンファミリーは、最近になってそこを強化し始めたのではなく、過去からずっとそうしてきている。それはレスリングが自分たちの歴史だと思っているから。でも日本の場合、プロレスはアメリカから輸入して持ち込んだものじゃないですか。日本は下手すれば自分たちの歴史だった柔道すら捨てて、横文字のJUDOになることをよしとしちゃうところがある。そういう柔軟性は日本のいいところなのかもわからないけど。

——日本のプロレス界も、せっかくのいい伝統や技が、あまり受け継がれていない気がしますよね。2000年くらいを境に、歴史がだいぶ途切れてしまっているというか。

宮戸　ひとつ感じるのは、日本人は現場に古い人が入るのを嫌がるということですね。だから団体に残っていてもおかしくない人まで、引退したらクビにするじゃないですか。WWEはちゃんと残すべき人を残しているし、離れていた人でもあらためて招き入れたりしていますよ。そういったオールドタイマーにコーチやエージェントのような職を与えて、若い選手に受け継がせ、育てようとしている。でも日本の場合、

古い人たちに口出しされるのを嫌がるじゃないですか。山本小鉄さんが晩年、新日本でコーチをしたときも、若い選手たちに嫌がられたって聞いているもんね。それが日本のスタイルですよ。

――ただ、いまはちょっと違う流れも出てきているんですよ。たとえばDTTなんかはエンターテインメントに振り切っていて、ベーシックなレスリングからいちばん遠いところにある団体というイメージがありましたけど、昨年、ジャイアント馬場さんの直系で、いわゆる〝王道プロレス〟を受け継いだ秋山準選手を選手兼コーチで招いて契約したりだとか。

宮戸 へー、それは凄いですね。

――それとプロレスリング・ノアが武藤さんと2年契約を結んだのも、ノアは三沢（光晴）さんが早くに亡くなり、小橋（建太）さんが引退したことで世代の断絶が起こっていたので、武藤さんを通じて、かつてあったいいものを若い選手に受け継がせるためという意味合いもあるようです。

宮戸 じゃあ、全体として見ればいい流れも生まれてきているんですね。逆に言うと、近年はリングを置いて飛んだり跳ねたりすれば、それが全部「プロレス」みたいな感じになっちゃっていたけど。さすがにここまできちゃうと、それはダメなんじゃないかと気づいて。その危機感から動き出してくれたのであれば、いいことなんじゃないですかね。

SUPLEX
CATCH AS

——歴史から学ぶことって多いですもんね。

宮戸　そうですよ。直接、技術を指導してもらわなくても、お話を聞くだけでも勉強になる。だからここスネークピット・ジャパンにしても、技術指導だけでなく、諸先輩方をお呼びして、キャラバンという形で勉強会を開いたり、トークショーという形でじっくりとお話をうかがったりしていたんですね。いまなんか、みんな「トークショーも商売になる」みたいな発想で、そういったイベントも増えていますけど、ボクは尊敬をこめてお呼びしていましたから。そのスタンスは違うと思いますよ。ボクのそういった思いっていうのは、堀江さんにも少しはわかっていただけていると思うんだけど。

——トークショーもまた、技術じゃない面で「レスリングを受け継ぐ」という一環だったわけですね。

宮戸　いろんな意味でね。もちろんボク自身が「お会いしたい」っていう気持ちも正直あります（笑）。できればみなさんに技術のほうもお願いはしたかったんですよ。ただ、そっちは体調面なんかも含めて、なかなかお願いしづらい部分があって。中にはタイガー戸口さんのように、技術面でのご指導もいただいて、ボク自身も凄く勉強になったりもしましたから。そういったことをＷＷＥは団体としてやってきていたわけですよね。バックステージでオールドタイマーが常に試合を観ていて、若い選手たちにアドバイスや注意をしていると聞きましたよ。

——コーチ、プロデューサー、アンバサダーとか、いろんな立場でオールドタイマーを登用していますからね。

宮戸　そこにしっかりとお金をかけている。ということは、いかにそれが大事なのかをわかっているということですよ。日本だと下手したら、そういったものは〝無駄な経費〟みたいな扱いをされたりもするじゃないですか。そうじゃないんですよ。だから今回、里村選手や鈴木選手がＷＷＥにコーチや選手としてスカウトされたのをきっかけに、日本のプロレス団体の経営陣も、そういった技術や歴史の価値にあらためて気づくきっかけになってくれたらいいし。ロビンソン先生のエッセンスに触れたふたりには、アメリカやイギリスでいい仕事をしてもらって、日本も含めたプロレス界にいい影響を与えてくれたらと思いますね。

宮戸優光（みやと・ゆうこう）
1963年6月4日生まれ、神奈川県出身。CACCスネークピット・ジャパン代表。
1985年9月6日の第1次UWFでデビューし、1988年に第2次UWFの旗揚げに参加。その後、髙田延彦らとUWFインターナショナルを設立。選手としてだけでなく、「Uインターの頭脳」として画期的なプランや対決を次々と実現させる。1995年9月、新日本プロレスとの提携路線に反発してUインターを退団し、現役を引退。引退後、一時は周富徳に師事して料理人を目指したこともあったが、1999年に「キャッチ・アズ・キャッチ・キャン」の一般会員制ジムU.W.F.スネークピット・ジャパン（現CACCスネークピット・ジャパン）を設立し、CACCの継承と普及、後進の育成に尽力している。

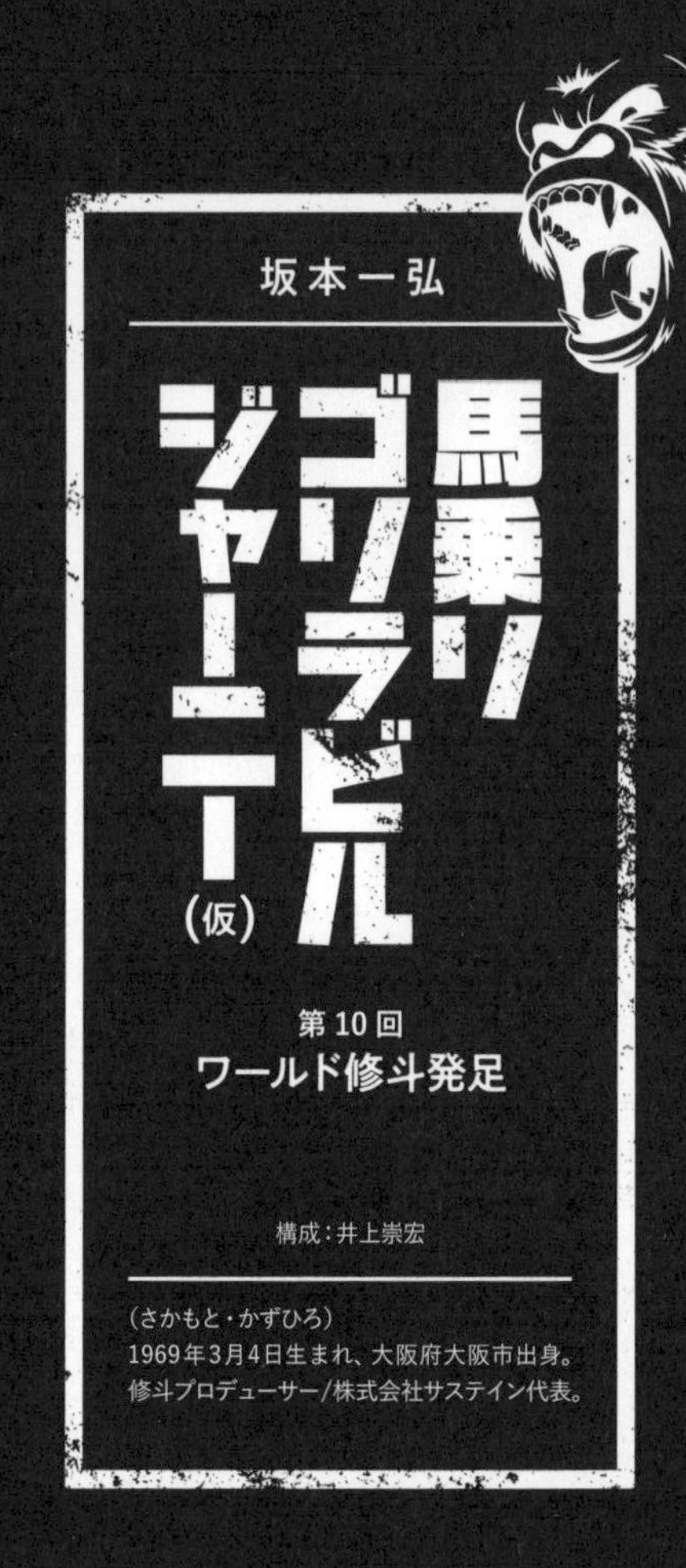

坂本一弘

馬乗りゴリラビルジャーニー（仮）

第10回 ワールド修斗発足

構成：井上崇宏

（さかもと・かずひろ）
1969年3月4日生まれ、大阪府大阪市出身。
修斗プロデューサー/株式会社サステイン代表。

——前回はパチンコ屋で働いていた坂本さんが、ある日、龍車グループの石山重行会長と中村晃三オーナーに呼ばれて、修斗を今後どうしていくかを問われて「じゃあ、自分がやります」と決断したという話でした。

坂本　あの日のことに関しては、もう1度同じことが起きたとしても同じ決断をすると断言できます。それは佐山先生を裏切ることになる行為なのかもしれないけれども、あらゆるバランスを考えたときにそれしか選択肢がなかったと思います。たとえば佐山先生について行って、いずれ大会が開けなくなって、プロダクション形式にして選手をどこかの大会に出していく形になったとしたら、個々には修斗の理念があったとしても競技としての根幹はすべて崩れてしまいますから。だから、いま振り返ってみても佐山先生には本当に失礼だし、申し訳ないし、ボクが浅はかだったのかもしれないけれど、もう1度同じことが起こったとしても同じ決断をします。ボクにはそれくらいの覚悟がありました。

——修斗の歴史を途絶えさせてはいけないという覚悟。ただ、自らが選手としてだったり、あるいは選手を育てることと、修斗自体を作っていく、守っていくっていうのはかなり感覚が違ってきますよね。

坂本　単純に言うとそうですよね。運営することの大変さというのはわからなかった部分もあるし、わからなかったから決断できたのかもしれないし。とにかく中村晃三オーナーたちがボクが一本立ちするまで支えてくれた、そして龍車グループと石山会長がいてくれたというところが大きいと思いますね。たしかに26歳のガキに何かをまかせるって相当な胆力だと思うんですよ。でも結果的にいまもまだ修斗があるんだから誰も間違ってはいなかったんだろうなと。もちろん批判する人間もいるだろうし、「坂本が佐山先生を追い出した」って言う人もいるだろうけど、他人にどう思われようがべつにかまわないんです。ただ、あのときの決断は微妙な天秤の上でどちらにでも傾く可能性はあったと思いますが、間違ってはいなかったのかなと。

――そして、佐山さんはプロレスへの本格的復帰に向かうわけですよね。

坂本　プロレス界における初代タイガーマスクへの需要っていうのは常にあるじゃないですか。佐山先生の考えとしては、エキシビジョンマッチなんかで単発的にプロレスのリングに上がるのは「修斗を広めるためにやっているんだよ」というものがあったと思うんです。それはべつによかったかと思うんですけど、タイガーマスクとして本格的にプロレスをやるってなると、少し違うじゃないですか。だから、うーん……。これは難しいな。

――間違いなく、佐山さん本人にしかわからない事情があったと思いますし。

坂本　佐山先生は本当に大変だっただろうし、その大変さは先生にしかわからない。ただ、そのときにはある種の怒りみたいな感情が芽生えたのはたしかです。だから感情論ではあるんですよ。感情的ではあるんだけど、冷静ではなかったかと言えば冷静ではあったと思います。なぜかと言うと決断したことです。その決断をしたことが冷静であったことの証明だと思います。

――ゆの郷での会議が終わって、そこから具体的に物事はどう動いていくんですか？

坂本　その日はそれで「ああ、わかった」ということで、石山会長が気持ちを固めて「じゃあ、もう帰っていいよ」「わかりました」みたいな感じで終わって。次の日からまたパチンコ屋ですよ。

――パチンコ屋に帰るわけですね（笑）。

坂本　越谷のパチンコ屋に戻りましたよ。そして、そこから何日か経って修斗の会議が行われるんですよ。田崎健太先生の『真説・佐山サトル』にも出てくる、佐山先生を入れずにやった会議です。龍車グループの中村晃三オーナーと石山会長、そして初代シューターと中井（祐樹）を筆頭に主要な選手たち。あと中村頼永さんもいましたね。

――みなさん、事前に状況はわかっていた感じですか？

坂本　ある程度の事態は飲み込めていたと思いますよ。日々の空気感ってあるじゃないですか。いまから思うと、数日前にボクがひとり呼ばれたように、ある程度の根回しはできていたんじゃないかなと。ボクとみなさんの立場が違うのは、ボクは完全に修斗を離れていたわけだけど、彼らは日々の中でちょこちょこと話す機会というか、根回しする機会はあったと思うんですよ。

――たしかにそうですね。その会議は、まだ坂本・新体制を発表する形ではないですよね？

坂本　そこをどうこうということではなく、まず佐山先生がこういう状況だから今後どうしていくかっていう話ですね。つまり佐山先生がタイガーマスクをやる、だから佐山先生を外した状況の中で大会をやっていこうと考えているということを石山会長が宣言されたんですよ。それで「佐山さんについていく人は？」っていう確認をしたんです。そこで手を挙げていたのは3人だけです。それはちゃんと憶えています。

――要するに佐山外しに反対の意思表示をきちんとしたのが3人ですね。

坂本　だから『真説・佐山サトル』を読んでビックリしますよね。「えっ、じゃあ、なんであのときに手を挙げなかったの？」って矛盾が生じるじゃないですか。そこは疑問に思う。もしかしたら人間だから自分を美化しているのかもしれないけれど、だったら「あのときは挙げれなかったけれども」っていう枕詞があってもいい。だから個々の主張を読みながら「それはいまさらないんじゃないの?」っていうふうに思いましたね。やっぱり手を挙げなかったことをなんらかの形で認めないといけないのではないかな。そんな中で中井は正直に、ありのままの話をしていると思います。

――その会議のくだりは、個々の証言が食い違っているんですよね。

坂本　ただ、『真説・佐山サトル』は佐山先生のことを書いた本なので、ボクの記憶が正しいってことを証明する場ではないですから。それでもボクが疑問を感じたのは事実です。「あのとき、本当は手を挙げたかったんだけど、あの雰囲気の中でそれができませんでした。それは先生に申し訳ないと思う」って言うのなら理解できますが。

――最終的に佐山さんが修斗を離れることが決定した。

坂本　石山会長は「面倒をみるって言ったんだから最後までみなきゃな」っていう感じで、それで晃三オーナーは「もうこれは無理だよ。ずっと赤字だから」という。たとえるなら球団社長とオーナーの感覚の違いだと思います。どちらが間違っているとかではないですから。

――坂本さんが現場の人間として修斗に復帰することは、どの時点でみんなに告げられたんですか?

坂本　その会議だったと思います。「坂本を修斗に戻して、マネージャーとしてやってもらうから」と。中井はゴルドー戦で目が悪くなって柔術をやったりとか、プレイング的の部分の気持ちがまだまだあったと思いますし、そういう意味でもボクが裏方業務を100パーセントするという形になったということですね。

――すぐにパチンコ屋を辞めて合流という形ですか?

坂本　次の締日に辞めるっていう形でした。そして日本プロシューティングが、ボクが入ってからワールド修斗という名前に変わりましたね。

――坂本さんはそのワールド修斗の社員ということになるんですか?

坂本　社員です。そして立場的には「マネージャー」っていう。アメリカだとマネージャーが現場のトップのポジションだから「マネージャーってことでいいんじゃないの?」って感じでしたね（笑）。そうしてマネージャー兼プロデューサーみたいなことをやらせてもらうことになるんですけど、その何年間かのワールド修斗でやらせてもらったことが自分のビジネスの礎というか、仕事の基本を培わせてくれましたよね。「仕事ってこういうふうにやるんだな」って。格闘技は基本、毎日きちんと練習していればそれでよかったものが、そうではなくなるわけじゃないですか?　言葉の使い方とか名刺の切り方とかビジネス上の駆け引き、いろんなことを学びましたよね。変な話、格闘技は勝ち負けの結果がすぐに出るから「この案件はどうでしょうか?」って言われたら、その場で即返事をしなきゃいけないと思っていましたから。

――絶対にこの場で決着をつけないといけないという（笑）。

坂本　「パンパン、即決」みたいな感じだと思っていたら、石山会長とかに付いていると「わかりました。じゃあ、いったん持ち帰らせていただきます」って言って、外に出た瞬間に「明くる日だな」とか言うんですよね。「で、坂本、断っておいてくれ」って（笑）。だから1回は相手を立てるというか、相手の気持ちを1回汲み取ってから「今回はすみません」って言わなきゃいけないんだなって。

——秒殺はしちゃダメと（笑）。最初から実務的な作業が全部はできないと思うんですけど、どうでしたか？

坂本　最初は正直、「こんなに仕事ねえの？」って思いましたね。パチンコ屋に勤めていると8時間動きっぱなし、働きっぱなしじゃないですか。

——フィジカル的に働いているという実感がありますよね。

坂本　バイトをやっていても、ボクは暇なバイトって嫌いなんですよ。深夜の警備員とかもやったことがあるんですけど、暇なところってクルマが1台も通らないこととかあるんですよ。そんなときは本を読むわけにもいかないから立禅をやってました（笑）。だからワールド修斗に入ったときも「こんなに仕事がねえのか？」って。それでまわりは何をしてるのかなと思ったら、取り立てて何もしていないですよ（笑）。練習といっても8時間も練習するわけじゃないですからね。それでジムにいろいろと出入りしているゆの郷の人たちとぺちゃくちゃしゃべって、「ああじゃない、こうじゃない」ってやって。そんなゆるーい感じでしたね。

——それ、仕事の基礎が覚えられなくないですか？（笑）。

坂本　だから「なんか仕事をしなきゃいけないな」と思って、『バーリ・トゥード・ジャパン』とかのパンフレットの在庫が事務所にあるから、それを書泉ブックマートに持って行って「これ、ちょっと置いてもらったりできませんか？」みたいな営業を自分でやっていましたね。あとはワープロの打ち方を覚えたりだとか。やっぱり格闘技業界はいまよりももっと超ムラ社会だったから、あえて外に出て行って飛び込みで営業をやったりとかもしましたね。

——マネージャーに就任したのはいくつのときですか？

坂本　27歳ですね。だから早いっちゃ早いのかな？　それですぐに仕事がこなせたか、こなせてないかで言えば、できていなかったとは思いますけど、ボクは真似をするのが得意なんですよね。人の動きを見て「あっ、こうやってやるんだ」って、聞くよりは観察して学んで真似するっていうほうが多いんですよ。事務所ではボクと中井がふたりで机を並べていたんですけど、中井はずっと落ち着いて仕事をしていて、本を読んだりとかして勉強していた感じですね。

——営業以外で外に出る機会もありますよね。

坂本　だから選手の取材に付いていったりもしてましたね。ちょうどその頃、佐藤ルミナが『バーリ・トゥード・ジャパン』でジョン・ルイスと試合して眼窩底骨折で入院していたんです。それで「コイツをスターにしなきゃ話にならないな」と思ったんで入院先までお見舞いに行ったんですよ。ルミナはベッドで横になっていたんですけど、「ちょっと俺、また修斗に戻ってくるからよろしくね」って。そのときにボク、「おまえをスターにするから」って言ったんですよ。

TARZAN by TARZAN

ターザン バイ ターザン

はたして定義王・ターザン山本！は、ターザン山本！を定義することができるのか？「やっぱり言葉の力というのは凄いっていうことですよ。村松さんや古舘さんの成功も言葉の力を爆発させたことがすべてですよ。言語化する能力が優れていたことによって自らも駆け上がって行った。だけどすべてアントニオ猪木のおかげなんだよね」

絵　五木田智央　聞き手　井上崇宏

第二十三章

言語化こそがすべて

「I編集長と村松さんのふたりが活字でアントニオ猪木の神話を再生産したんですよ!」

――山本さん、6月26日に作家の村松友視さんとトークイベントをやるんですか?

山本 そうそう! 水道橋博士がさ、いま阿佐ヶ谷ロフトで『アサヤン』(阿佐ヶ谷ヤング洋品店)というライブイベントをやっていて、それをネットで配信しているわけですよ。これまでに2回やっていて、俺はどっちとも出たんよだけど、そのときに俺の彼女も一緒に連れて行ったんよ。

――山本さんの彼女って誰ですか?

山本 あっ、男女関係の彼女じゃないよ? お友達の彼女ですよ。

――よくわかんないですけど、ガールフレンドみたいな人ですかね。

山本 まあ、ガールフレンドというか彼女というか。

――どうして連れて行ったんですか?

山本 やっぱりそういう場って女っけがないとつまらないじゃない。それで楽屋に連れて行くとさ、彼女も前田日明とかゲストとしゃべったり写真も撮れたりするじゃない。吉江豊の兄のよしえつねおもいたりするし、とにかく楽しいんですよ。そうしたらこないだ博士が電話をしてきてさ、「6月26日、空けておいてください」と言うんだよね。それと「あの彼女も連れて来てね」って言うから「何をやるの?」って聞いたら、「次はターザン山本流の恋愛論をやりたい」と言ったわけよね。

――ふざけてますね(笑)。

山本 それで俺が「はい、わかりましたー」って電話を切ろうとしたときにあることを思い出して、「博士! 6月26日は猪木vsアリ戦の日だよ!」ってちょろっと言ったんよね。そうしたら、なんとそれで博士にスイッチが入っちゃって、すぐに村松さんに電話をしたらしいんよ。「村松さん、猪木vsアリの本を出しましたよね」と。

――『アリと猪木のものがたり』(河出書房新社)。

山本 それで「6月26日にターザン山本とトークをしてもらえませんか?」って聞いたら、村松さんが「それは楽しみだ。ターザンとは全然会ってないんだよな。ぜひお願いします」って村松さんが大喜びしたらしいんですよ!

――凄い。村松さんがオファーを快諾したと。

山本 凄いことだよ! それを聞いてこっちのテンションも上がったというかさあ。俺という存在が村松さんに歓迎されるのかっていうことにいちばんビックリしたわけですよ! 猪木さんが入院する前、村松さんはときどき猪木さんと会っていたじゃない。

――「ワインの会」で。

山本　そうそう。俺はそのワインの会に呼ばれていないわけですよ！

――まあ、山本さんは猪木さんとは親しくないですから呼ばれないでしょうね。

山本　だけど村松さんは猪木さんと仲がいいからちょくちょく会っていて、猪木さんの状況というのを随時知っているわけよね。俺自身は猪木さんとはまったくなので、こうなったらね、村松さんとは猪木vsアリを語るんじゃなしに、猪木論をやろうと俺は思ってるんですよ。いや、博士がどういう段取りをするかはわからないよ？（急に小声になり）とにかく博士というのはもの凄く細かい男なんですよ。

――事前に過去の資料を徹底的に集めたりだとか。

山本　そうそう。資料を集めて台本を作っちゃったりしてね、その台本に沿って進行するっていう人なんだけど、もう俺はそういうんじゃなしに、一発勝負のアドリブでね、とにかく村松さんを活かすように持っていったほうがいいんじゃないかと思っているんですよ。

――ほうほう。

山本　この世界には「俺が真の猪木ファンだ！」って思っている人が山ほどいるわけですよ。それも天文学的数字のね。「俺がナンバーワンの猪木信者だ」っていうのを自慢する人がわんさかいるわけじゃないですか。男が男に惚れるというか、アントニオ猪木にのめり込む、影響を受ける、猪木イズムを刷り込まれる。そんな人間が世の中にたくさんいるのはわかるんだけど、俺からすると自前の猪木論を持ち、もっとも猪木を愛する人は誰かと言うならば、『週刊ファイト』の井上義啓編集長と村松さんのふたりに尽きるわけですよぉ！I編集長は『週刊ファイト』というタブロイド紙の中で、毎週のように猪木へのラブレターを書き続けた人ですよ。あの人が猪木信者の最たるものだよね。それこそが「猪木新聞」とか「新日新聞」とも呼ばれていた『週刊ファイト』のアイデンティティだったわけですよ。ところが！　１９８０年春！　突如、横から不意に村松さんが登場したわけですよ！

――横から不意に（笑）。

山本　当時、村松さんは中央公論社に編集部員として勤めていながらさ、『私、プロレスの味方です』を書いて情報センター出版局から出したでしょ。あれは要するにアントニオ猪木への完全なる猛烈な熱愛の本なんだよね。「猪木を肯定する」「猪木が好きだ」っていうことを全面に書いているわけですよ。あの本の中で村松さんはこんなことを言っているんよ。「プロレスについて考えることが喜びである」と。プロレスは八百長だと言われているけど、じつは社会の常識、ルールこそがあらかじめ決められた八百長であると。猪木さん自身が世間からプロレスは八百長だと言われていることに対して猛烈に反発して、市民権獲得とか言ってさ、世間に対して抵抗し続けた。村松さんはその猪木さんの考えを言語化したわけですよ。それは大ブームになりますよ！　それとさ、『私、プロレスの味方です』というタイトル。つまりプロレスファンが世の中で小さくなっていてね、学校でも会社でも何も語ることができずに肩身の狭い思いをしていたと。そこに「味方です」とやって来た。要するに村松さんがプロレスファンを救ったわけよね。そういった意味で言うと、I編集長と村松さんのふたりが活字でアントニオ猪木の神話を再生産したんですよ。あのふたりに勝る人はいないんですよ！

「猪木病に冒されている俺が、純粋でニュートラルな村松さんとどう対峙するかっていうのがいちばんのテーマ」

——まさに両横綱ですね。

山本　東西の両横綱。そして俺はI編集長のもとで〝花のボンクラ記者〟として働いていて、あの人のことを3年間近くで見ていたでしょ。そして村松さんとは、あの本が出たときに当時『週刊プロレス』の杉山頴男編集長から「すぐに村松さんのところへ行って話を聞いて来い」って言われてね、大日本印刷の校正室で雑誌の校正をやっていた村松さんのところに会いに行ったわけですよ。そのとき、村松さんは「まさかプロレスマスコミが自分を訪ねてくるとは思わなかった」と。むしろプロレス界は自分のことを疎外するんじゃないかと思っていたようで、そこで俺は村松さんと出会うことができたんよ。つまり俺はあの両横綱をよく知っているわけですよ！

——そうですね。しかし、会えるというだけでここまでターザン山本をミーハーにさせてしまう村松さんって凄いですね。

山本　（急に立ち上がり）そりゃそうですよ！

——こうして山本さんを小躍りさせるような感じにさせる人っていうのは、猪木さんと村松さんのほかに誰かいますか？

山本　（ドカッと椅子に座り）いない！　あっ、前田日明がいるね！　前田日明に対しても俺は常にミーハーになるね。前田にはなんて言うかさあ、ちょっと母性本能をくすぐられるところがあるんだよねえ。男性的母性本能っていうか。あの人からは強烈なフェロモンが出ているんですよ。それに俺は吸い込まれていくというか。たとえばほかにも藤波、長州、天龍、佐山さんとかいるわけだけど、あの人たちからはそういうフェロモンは出ていないよね。前田日明だけは特別ですよ！　それが心地いいというか、「前田さぁ〜ん」ってミーハーになるんですよ。

——前田さぁ〜ん。

山本　俺は猪木さんからは「キミのことは好きじゃない」って言われていたけど、そりゃ『週刊プロレス』が新日本とうまくいってなかったことも知ってるわけだから当然よね。そ

TARZAN by TARZAN

れでも猪木さんは俺と会ったらニコッと笑うんですよ。「おっ、元気か？」って。またその笑顔にコテンとやられちゃうわけですよぉぉ！（笑）。だから猪木さんも俺のことは嫌いだと言っていながらも、対面コミュニケーションではいい顔をして受け入れてくれるという。あの人も懐が深いんだよねえ。

——深いというか、猪木さんは意外と気分が顔に出るじゃないですか。山本さんと会っていても全然嫌そうじゃないですもんね。

山本　そのへんが凄く不思議だよねえ。それと猪木さんはデイリースポーツの宮本久夫さんとかかつての昭和時代の記者が来ると、めちゃくちゃ懐かしがってご機嫌になるらしいんですよ。「おー、来たのか」って。それがひとつ猪木さんにとっては心の救いになっているらしいよ。でも俺は違うじゃない。

——山本さんはまたあとの世代ですもんね。

山本　それとこっちは新聞記者じゃなくて雑誌記者だから。新聞記者は1年中レスラーに密着してるでしょ。

——巡業に同行しているわけですもんね。

山本　だから俺、これはツイッターでも書いたんだけど、村松さんという人は500パーセント猪木派なんですよ。どんな事件やスキャンダルがあっても猪木さんがすべて正しい、間違っていない、全部弁護してかばうというか。そしてその弁護するための論理をしっかりと持っている。そういう意味では村松さんこそが猪木さんの最大のブレーンじゃないけども、これはなんて言ったらいいんだろうね？

——まあ、ナチスにおけるゲッベルスみたいな（笑）。

山本　凄いこと言うね！（笑）。そういう絶対的援軍という役割を果たしてるよね。猪木について理論武装する天才というか。

——村松さんとはどれくらい会っていないんですか？

山本　20年以上は会ってないね。

——あっ、そんなに。

山本　それで村松さんは「猪木愛」の人なんだけど、俺は「猪木病」なんですよ。そこが大きく違うんですよ。この猪木病というのは不治の病なんですよ。離れたいんだけど凄い引力で引っ張られる。いざ引っ張られたら底なし沼にドボンみたいな感じで。しかも体内に毒が回ってくるというかさ。でもその毒が気持ちいいというか、しびれるというか、そういう変なダブル構造にやられちゃうわけですよ。SとNの磁場に引き込まれてグチャグチャにされるんよ。そんな猪木病に冒されている俺が、純粋でニュートラルな村松さんとどう対峙するかっていうのが、今回のいちばんのテーマだと思ってるんよね。

——なるほどですね。わかんないですけど、村松さんは病まなそうですもんね。

山本　病まないよ。でも俺は脳内が猪木病に冒されていて、ある意味ではそっちの病棟に入っているようなものですよ。しかもそれを治す特効薬はないわけですよ。村松さんはそんなのは必要ないんですよ。

——じゃあ、当日はちょっとリハビリテーション的な様相を呈するんじゃないですか？　カウンセリングというか（笑）。

山本　そうそう（笑）。村松さんは直木賞作家だから俺なんかよりも上位概念じゃないですか。俺はあくまで業界の人間だから。だけど今回は同じ土俵で闘おうかなと思ってる。

「1回だけ猪木さんとふたりきりで話したことがあるんだけど、もう息が詰まりそうになってさ、何をしゃべったらいいかわかんないわけですよ」

——同じ土俵というのは？

山本　まあ、最後の対決じゃないけど、臆せずに自分の気持ち、意見を遠慮しないで言おうと思ってる。「外側から見たアントニオ猪木」という形でね。猪木さんとは接触しなかった、距離感がある形で猪木を見てきた自分と、猪木さんと友達になった村松さんとの関係性の違いを出していけたらね。

——山本さんは、馬場さんのシークレットサロンに呼ばれることの喜びっていうのもあったわけじゃないですか。

山本　あった！

——村松さんみたいに猪木さんと友達になる、プライベートでもあって話すという関係性への憧れはあったんですか？

山本　やっぱりそこには俺も憧れがあるわけですよ。でも猪木さんとそういう関係性を築けた人間はふたりしかいないんですよ。それが結局は村松さんと古舘伊知郎さんですよ。

——あー、古舘さんもそうですよね。

山本　それで猪木さんは気が向いたときに村松さんや古舘さんを呼び出すわけじゃないですか。

——いつも猪木さんが集合をかけるんですか？

山本　そうですよ。猪木さんが音頭を取ってね、あのほら、ワインでいちばん高いやつはなんて言うの？

——ロマネ・コンティですね。

山本　そう。「ロマネ・コンティがあるよ」って言って誘いをかけるわけですよ。そうしたらあのふたりはどんな用事があっても、それを横に置いて猪木さんに会いに行くわけですよ。だからそういった意味では徹底していて、猪木さんとプロフェッショナルな付き合いができるというね。それが村松さんと古舘さんですよ。そこでたとえば天下のアントニオ猪木に対して「ちょっと用事がありますので」って言って断ったら終わりなわけですよ。そこはふたりともプロ中のプロだよね。猪木さんにとって、あのふたりはは数少ない親友なんだよね。猪木さんにとってのシークレットサロンに入れるのは村松さんと古舘さんですよ。俺はそのシークレットサロンには入っていけないわけですよ。

――できることなら入りたかったですよね？

山本　いや、でも俺は1回だけキャンティで猪木さんとふたりで話したことがあるんだよね。でも俺はもう息が詰まりそうになってさ、何をしゃべったらいいかわかんないわけですよぉ。酸欠状態に陥ったというか、最高の料理が出ているのに味なんかまったくわかんないし、猪木さんと何をしゃべったらいいのか、何を聞いたらいいのか。

――でも、ふたりきりじゃないでしょ？

山本　ふたりきりですよ。

――えっ、それは取材ですか？

山本　いや、取材じゃなしにプライベートで呼ばれたというかさ。

――それはいつ頃の話ですか？

山本　猪木さんがまだ現役だった30年以上前ですよ。そのとき本当だったらうまく取り入ればいいわけですよ。絶対的なチャンスなんだから。だけど俺はそれができなかったんよ。

――金縛り状態で（笑）。

山本　全身金縛り、脳も金縛り、心も金縛りで。

――味覚も失われ（笑）。

山本　そうそう（笑）。俺がそんな状態だったので猪木さんの心がまったく読めなかったんですよ。この場ではこういう話をしたらいいとか、これから猪木さんと付き合えるチャンスだから要領よく話すとか、お世辞を言うっていうことがまったくできないんですよぉ。猪木さんに慣れていなかったというか。

――はあー。

山本　それ1回きりよ。それで猪木さんも人とふたりきりになることができない人なんですよ。俺が記者として取材で会うときも横にかならずスポンサーがいるんですよ。スポンサーと猪木さんと俺みたいな三角関係になる。

――でもキャンティで会ったときはスポンサーの人もいなかったと。

山本　いない。

――うわっ。たしか村松さんや古舘さんと会っているときも、スポンサーの方が同席しているって聞いたことありますよ。

山本　そうかもしれないね。そうやって猪木さんはタニマチを置いている可能性が高いんですよ。そのほうが猪木さんも気をつかわなくていいから。

「俺は古舘さんと接触したことは1回もないんよ。会場ですれ違ったことがあるくらい」

――でも、どうしていきなり猪木さんとふたりきりで会ったんですか？

山本　へ？　猪木さんに呼ばれたんよ。

――いやいや、なんの目的でですか？

山本　わかんないよ。どういう理由なのかまったく憶えてない。突然「キャンティに来てくれ」って言われて俺もビックリしたんだよね。

――週プロの編集長時代ですか？

山本　うん。猪木さんにどういう思惑があったのかはわからないし、特に思惑も何もなかったような気もするんですよ。『週刊プロレス』の編集長だから呼んだとか、「こうしてほしい」とかそういうのを猪木さんは言わない人だから。

――ただコミュニケーションを取っておこうかぐらいの。

山本　そうそう。

――でも山本さんはまったくコミュニケーションが取れなかったと（笑）。

山本　ま～ったく取れなかった！　唖然・呆然の世界ですよ。帰るときに「俺はなんのために来たのかな……？」って思ったもんな。こんなビッグチャンスを逃してしまったっていうことで。

――ちなみに山本さんは古舘さんとはどんな感じなんですか？

山本　プロレスの実況はもともと舟橋慶一さんという人がいて、舟橋さんが主戦のアナウンサーとして絶対的地位を築いていたんだよね。そのときに新人としてポンと入れられたのが古舘さんなわけですよ。

――テレビ朝日に入社して、最初からプロレス担当ですもんね。

山本　それで最初は小僧みたいな感じだったわけだけど、すぐに「古舘の実況はおもしろい」ってことになったので『週刊プロレス』で古舘さんの連載をやったんよね。そのときに古舘さんの担当としてライターをやったのが、のちにパンクラスの社長をやった彼よ。

――尾崎允美さんですか。

山本　そうそう。尾崎くんが古舘さんのお付きみたいな感じで、古舘さんから話を聞いて書いてたんよ。

――尾崎さんは、古舘さんが独立してから立ち上げた古舘プロジェクトのスタッフだったんですよね。

山本　だから彼に全部任せていたので、俺は古舘さんと接触したことは1回もないんよ。

――えっ、1回も？

山本　まったくない。インタビューしたこともないし。会場ですれ違ったことがあるくらい。

――意外ですね。たしかにツーショットの写真とかを見た記憶がないですね。

山本　まったくないでしょ。あの古舘スタイルの実況っていうのは、あの人は事前にすべてのことを調べあげて、でも試合そのものを実況するんじゃなしにそのレスラーのキャラに被せる言葉だとか、試合に関係ないことでも機関銃のようにしゃべりまくることだったよね。それによって視聴者がいい気分になるっていう。要するに言葉の魔術だよね。

——トランス状態にさせてしまうってことですよね。

山本　そうそう。あんなの、普通に聞いたら面倒なわけですよぉ。でも視聴者はそれを支持した。抜群のリズム感があったし、コピーライターとしてのセンスというか言葉にインパクトと切れ味があったから、当時テレビを観ていたプロレスファンの心をわし摑みにしてしまったんだよね。それも結局、彼がアントニオ猪木に出会ったからですよ！

——絶対にそうですよね。

山本　猪木さんと出会っていなかったらあんなことにはならないですよ！（笑）。それから猪木さんも古舘さんのことをかわいがるようになるわけでしょ。そこで古舘さんは余計に邁進していくわけですよ。髙田延彦のことを〝青春のエスペランサ〟とか、次々とネーミングをつけていって言葉が冴えまくっていったわけですよぉ。

——アントニオ猪木によって覚醒したということですね。

山本　ハッキリ言ったら、村松さんだってアントニオ猪木という存在がいたから作家になったわけですよ！　作家の村松梢風の孫ということでもともと血筋はいいわけですよ。でも作家ではなく編集者をやっていたんですよ。当時、情報センター出版局がサブカルの雑誌を立ち上げてね、そこでクマさん（篠原勝之）とかコピーライターの糸井重里とかを集めて、その連中を売り出すためにいろんなことをやってたんだけど、情報センター出版局がプロレスものをやろうとなったときに糸井重里が「プロレスなら中央公論社の村松友視だよ」って紹介したわけですよ。それで村松さんはあの本を2週間で書いたんだよね。

——いや、それがとにかく凄いですよね。

山本　それまで溜めていたものをすべて爆発させたわけですよ。そこで村松さんは世間から虐げられていたプロレスの地位を逆転させて、プロレスブームをあの本によって作ったわけですよ。さらにあの人は文学をやっていたからすぐに直木賞を獲るわけじゃないですか。

——『時代屋の女房』（角川文庫）。

山本　村松さんはプロレスというよりも猪木さんのことを書き、プロレスをステップとして小説のほうに進んで成功したわけですよ。つまり猪木さんという存在がなかったら作家にもなってなくて直木賞も獲っていないですよ。みんな、もともとはアントニオ猪木ですよ。

——古舘さんもそうですよね。

山本　テレビ朝日であんなに飛躍的に大ジャンプするというか、飛び級で出世するなんていうのはありえないわけですよ。でも新しいプロレス実況のスタイルを作り上げて評価されたから一気に表舞台に出たわけじゃないですか。あれが普通のニュース番組やバラエティ担当でやっていたらあんなふうな成功はしていないですよ。

「俺はプロレスに汚染されたというか支配されたんですよ。だからほかのやるべき道に進めなかったんよ」

――村松さんも古舘さんも大ジャンプをすることができたのは、アントニオ猪木という存在に出会って影響を受けたから。

山本　プロレスそのものとアントニオ猪木に出会ったからというふたつがあるけど、90パーセント以上はアントニオ猪木と出会ったからですよ。だから猪木さんが村松さんを直木賞作家にし、古舘さんを看板報道番組のキャスターにしたというね。アントニオ猪木が産み落としたのは弟子のレスラーだけじゃなく、村松さんと古舘さんというふたりを世に輩出したという意味ではこれは凄いことだよね。

――めちゃくちゃ凄いですよね。

山本　古舘さんがやっていた『報道ステーション』の前の担当の名前は誰だったっけ？

――『ニュースステーション』は久米宏さんですね。

山本　そうそう。キャスターとして絶対的存在感を持つ久米さんの後釜としてやったんだけど、その時点で古舘さんはもう天下を獲っているわけですよ。自分のプロダクションも立ち上げて番組の制作も一手に引き受けてさあ。一介のアナウンサーだった古舘さんがあそこまで大成功したのは、すべてアントニオ猪木のおかげですよ。

――猪木イズムですね。

山本　そこで俺は言いたいんですよ。俺は文学も映画も好きだったわけですよ。俺には小説家になるか、映画監督になるかという筋道があったんだけど、ずっと家で何もしないでボーッとしながら生きていて、それから『週刊ファイト』でプロレス記者になってね、文学や映画のほうに行かずにプロレスに行ってしまったわけですよ。結局はプロレスの魅力に洗脳されてしまっていて、さらにI編集長にも出会ってしまった。だから文学や映画から学んだことをプロレスに応用してやったわけですよ。

――文学や映画よりもプロレスが上位概念だったということですね。

山本　俺はプロレスに汚染されたというか支配されたんですよ。だからほかのやるべき道に進めなかったんよ。

――村松さんや古舘さんはプロレスで学んだことを文学や実況に持ち込んで行って大成功をしたわけじゃないですか。山本さんはその逆パターンですもんね。

山本　（急に立ち上がって）俺だけ逆パターンよ！

――自分の持っている武器をすべてプロレスに捧げたということですよね。

山本　（ドカッと椅子に座り）そう。すべてをプロレスに奉仕してしまったというのが俺の人生のパラドックスというかさ。やがて村松さんは小説家になり、古舘さんはキャスターとなり、それぞれあっちの世界に行ってさ、そしてふたりはプロレスから卒業したわけですよ。それは俺の生き方とは違うんですよ。あのふたりはプロレスをステップに向こうの世界に行ったけど、俺自身はプロレス一本だった。そういう意味では、俺は自分に対してさびしい気持ちがあるわけですよ。「俺もそっちのほうに行ったほうがよかったかな」って。それで『週刊プロレス』を辞めたときにそっちに向かうチャンスがあったんだけど、そのときにはもう小説家になろうとか、映画の脚本を書こうっていう気持ちがなかったから。

——気力がなかったわけですね。

山本　そこで気持ちを変えられなかったから俺は最後までプロレスですよ。ただ、ここにきて村松さんが猪木vsアリの本を書いたりとか、古舘さんもいまＹｏｕＴｕｂｅでプロレスを題材にしてやってたりしてるから「また帰ってきたんだな」って思ってね。

——若干プロレスに回帰してますよね。

山本　鮭が川に帰ってきたようなもので、こっちは帰ってこられたら困るぞみたいなさ（笑）。だってもう向こうに行っちゃったんだから巨大なブランクだってあるわけじゃない。そういった意味ではこっちはプロレス記者一筋だからさ。

——結果的に生涯プロレス記者だし、生涯病人ってことですよね。みんながほかの舞台でサクセスストーリーを駆け上がっていく中、ひとり病に伏せていたっていう（笑）。

山本　半分鬱みたいなさ。出口がわからなくなって放浪してきた人生ですよ。

——猪木病って怖いですね（笑）。

山本　でもね、一般のファンだったら「本気で猪木さんが好きだ！」っていう姿勢でさえいれば、完璧に猪木信者としてまっとうできるわけじゃないですか。しかし俺はプロレス以外のものもできるから余計に複雑になるわけですよ。俺は猪木さんが好きだけじゃなしに映画も大好きだし。そのへんがほかの人とはちょっと違うよね。

——まあ、みんな猪木さんのことだけを考えて生きているわけじゃないと思いますけど……（笑）。

山本　村松さんは猪木さんのこと「過激なプロレス」という形で意味づけたというかさ、その功績は絶大だよね。その最大の被害者は馬場さんなんだけど。だから今日わかったことは「やっぱり言葉の力というのは凄い」っていうことですよ。村松さんも古舘さんも言葉の力を爆発させたことがすべてですよ。言語化する能力が優れていたことによって自らも駆け上がって行ったし、ただ好きだということだけでは意味がないということもわかっていたわけですよ。それはそれでファンなら美しいよ？　でも、もしそれ以上のことを自分の人生でやるとなったら、言語化する能力が問われるんだよね。

——好きな上に対象をさらに活かしましたね。

山本　アントニオ猪木を活かしたことによって自分以外の人

のことも楽しませる、喜ばせる、興奮させるというさ。奉仕の精神というか、自分だけで楽しむことはしないというね。それは「自分が興奮している理由はこういうことなんですよ」というのを、あのふたりは言葉で発信できたからですよ。


ターザン山本！

（たーざん・やまもと）

1946年4月26日生まれ、山口県岩国市出身。ライター。元『週刊プロレス』編集長。

立命館大学を中退後、映写技師を経て新大阪新聞社に入社して『週刊ファイト』で記者を務める。その後、ベースボール・マガジン社に移籍。1987年に『週刊プロレス』の編集長に就任し、"活字プロレス""密航"などの流行語を生み、週プロを公称40万部という怪物メディアへと成長させた。

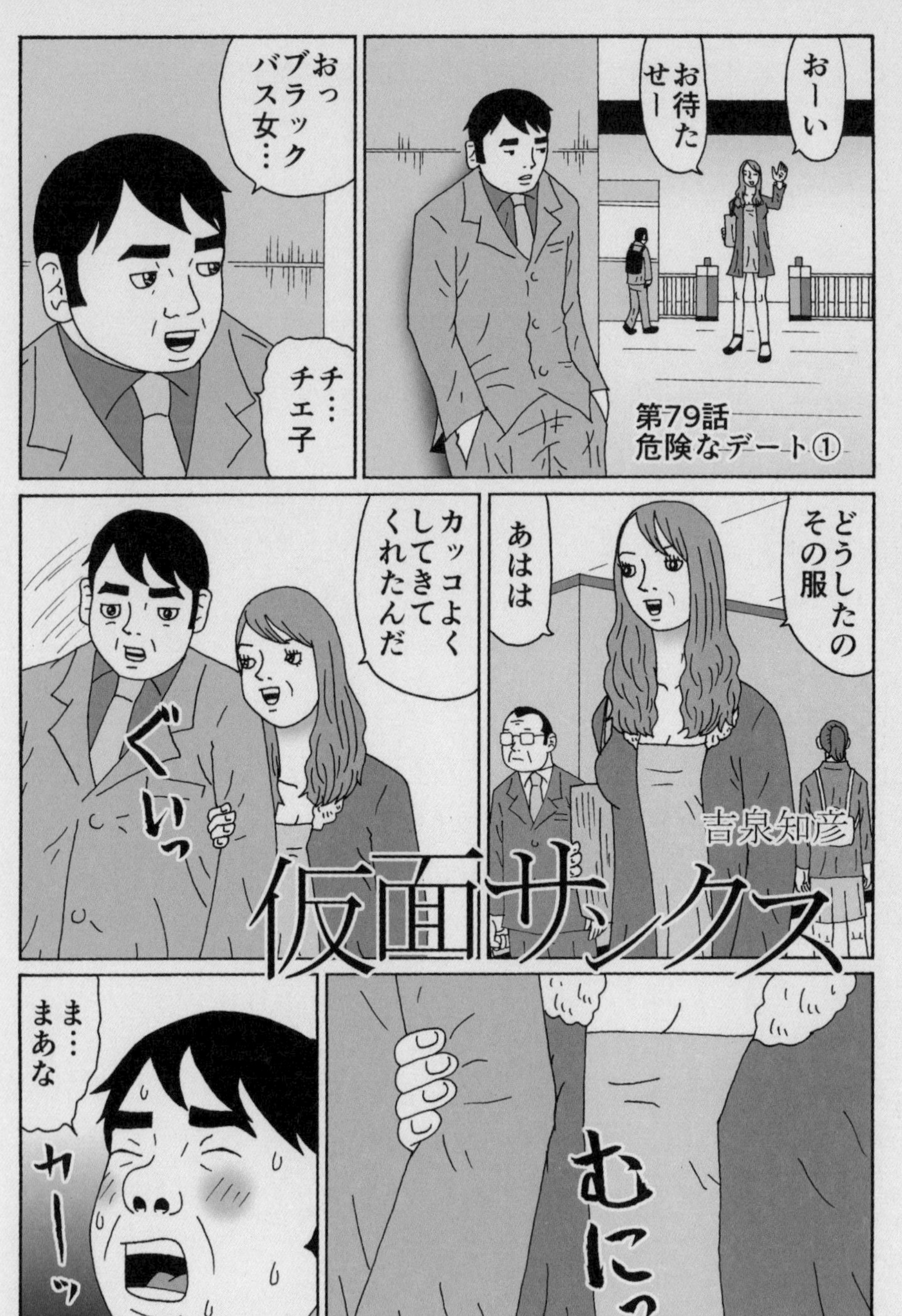

［あらすじ］元覆面レスラーのパンサーキッドこと伊藤直人は、かつての仲間のミラクルマスターを出し抜き、女子レスラーのブラックバス女をデートを誘うことに成功したのであった。

へえ
こんな
店
よく
知ってる
ね
いや…
店の
女の子に
……
なんか
パンサー
じゃない
みたい
この
ワイン
おいしい
じーーっ
どんどん
飲んで
くれよ
ばいーーーん

かぷん
大丈夫?
そんなに飲んで
ギラッ
大丈夫だ
カップル多くない?

いいだろ
いいだろ
ダメ…
いいけど…
……
……
!
あそこ……空いてる
つづく

KENICHI ITO

涙枯れるまで泣くほうが Eマイナー

VOL.06

"美獣"金原弘光

伊藤健一

（いとう・けんいち）
1975年11月9日生まれ、東京都港区出身。格闘家、さらに企業家としての顔を持つため"闘うIT社長"と呼ばれている。ターザン山本！信奉者であり、UWF研究家でもある。

正直スマンカッタ……!!

と、いきなり佐々木健介ばりの謝罪をしたいと思う。

前号の私は浅倉カンナの妖艶な魅力に惑わされどうかしていた。あまりダメ出しをしない井上編集長からもお叱りを受け、校正担当の女性スタッフは読みながら嘔吐を催したという。『KAMINOGE』編集部にも多数の抗議メールが届いたとか……。

ヴァー！　ポカした！

今月は気持ちをあらためて原点に戻ろう。原点とはもちろん、みなさま大好物の「UWF」だ！

というわけで、"美獣"金原弘光選手のことを書く。

リングス、PRIDE崩壊のあと、DEEPやパンクラスでひとり奮闘していた金原のことを知らない人も多いと思うので、いつか書きたいと思っていたのだ。

PRIDE全盛時代、私は高阪剛主宰のアライアンスに所属していた。当時は高阪さんや吉田秀彦さんなど重量級がたくさんいるジムはアライアンスしかなかったので、U系戦士たちもたくさん出稽古に来ており、その中にはリングスが活動停止したということもあって、金原の姿もあった。

当時、PRIDEではシウバ、ミルコ、アリスター、ショーグン（いま考えると絶対勝てるわけないメンツ）に負け、その後はパンクラス参戦も、なかなか勝ち星を挙げられず苦しい時期だったと思う。

私とは体重もかなり違うので組み合った機会は少ないが、高田延彦ファンである私と、付き人を経験し高田をリスペクトしている金原とはすぐに仲良くなった。

金原曰く、「本人の前で絶対歌っちゃいけない」という高田のファーストシングル『DAYBREAK』を歌詞カードなしで歌えるのは金原と私だけであろう（笑）。

あるとき、手違いで金原は自分の試合のセコンドをする人がいなくて困っており、当日たまたま控室にいた私と弟（伊藤有起）がセコンドにつくことになった。その試合はたしか引き分けだったのだが、伊藤兄弟の細部にまで気を配るセコンドワークを気に入ってくれた金原は試合後、「今後もセコンドについてよ」と言ってくれた。

それは非常に名誉なことで嬉しかったが、じつは私は普段から金原のある練習姿勢に対し、井上編集長ふうに言うならば「カッカしていた」。

いや、私のその〝カッカ〟は、金原のみならず、UWFそして新日本プロレスにまで及んだ。なぜか。

金原は階級が同じ悠太（第7代DEEPウェルター級王者）とよくスパーリングしていたのだが、壁際やマット際になるとなぜか自分からブレイクをして小休憩を挟むのだ。私はそれを〝ひとりロープブレイク〟と呼んでいた。

MMAでは「際（キワ）」こそが勝負のキモであり、私たちは髙阪さんに「際を大事にしなさい」と教わってきた。

しかし、金原はその際で〝ひとりロープブレイク〟をしてしまうのだから本当の練習にはならない。相手の悠太も優しいから何も言わない。

だが、その姿勢は金原だけではなく、UWFや新日本での道場の光景だったのだろう。その練習姿勢こそが90年代、グレイシー柔術に惨敗しまくった原因の一因ではないのか！

（いま、これを書いていて〝カッカ〟してきた）

そう思ったら、UWFに青春を捧げてきた私は〝カッカ〟どころかマジでムカついていた。これまでは出稽古扱いで特に指摘はしてこなかったが、今後セコンドにつくとなれば話は違う。そして、ついに。

「休むな！　練習にならないよ！」

私と弟は、金原の〝ひとりロープブレイク〟に声を荒げた。後日、「TKに怒られちゃったよ……」とぼやいていたので、髙阪さんからも注意をされたようだ。

みんな、仲間には勝ってほしいのだ。

その後、金原の練習態度は変わった。それでもたまに〝ひとりロープブレイク〟をすることがあったが、長年の慣れたやり方をすぐに矯正することは難しいと判断し、私は見て見ぬ振りをした。

そして2009年4月。DEEP後楽園ホール大会における長井憲治戦で、パウンドにより数年ぶりの勝利を挙げることができた。花道から引き揚げてきて、廊下で待っていた髙阪さんと抱擁した瞬間、金原の目からは涙がこぼれ落ちた。

その後も苦戦は続き、本人の望んだ結果にはなっていないと思うが、最後まで格闘技と向き合った金原は本当にカッコいいと思う。

引退試合では「社長（金原は私のことをこう呼ぶ）、絶対セコンドについてね。今回はリングスの選手もセコンドにつくけど、俺の現在のセコンドは社長だからさ！」と言ってくれたのだが、ファンはリングス選手総出のセコンドという光景が見たいだろうから、奥ゆかしい私は後方で試合を見守った。近藤有己選手に敗れはしたものの、素晴らしい引退試合であった。

そして試合後、なんと金原は10・9新日本対Uインター全面対抗戦での伝説の第一試合で履いたあのキックパンツを私にくれたのだっだ！

UWF研究家としては最高のお宝である。

もちろん、キックパンツはいまでも部屋に飾っているのだが、その黒いキックパンツを見るたびに私は微笑み、そしてなぜか〝カッカ〟してしまうのであった。

マッスル坂井と真夜中のテレフォンで。

5/14

MUSCLE SAKAI DEEPNIGHT TELEPHONE

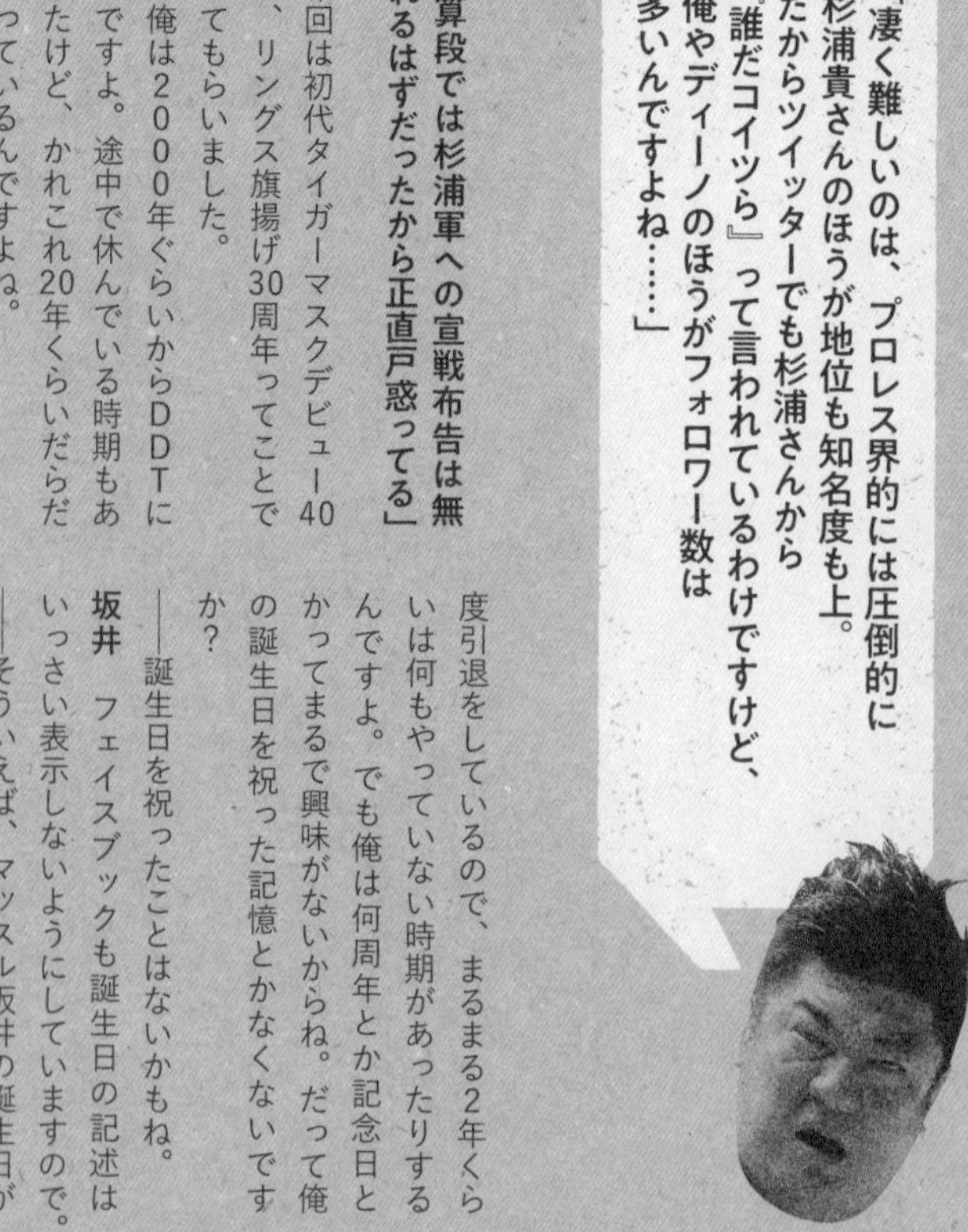

「俺の算段では杉浦軍への宣戦布告は無視されるはずだったから正直戸惑ってる」

――今回は初代タイガーマスクデビュー40周年と、リングス旗揚げ30周年ってことでやらせてもらいました。

坂井　俺は2000年ぐらいからDDTにいるんですよ。途中で休んでいる時期もありましたけど、かれこれ20年くらいだらだらとやっているんですよね。

――だらだらとプロレス20周年なんだ（笑）。

坂井　もうそれくらいやってるんですよ。でも最初の頃はデビューはしてるんだけど「練習生」っていうギミックだったりとか、「映像班キャラクター」とかっていう時期があって、「それ、どんなキャラクターだよ」っていまは思うんですけど、それと一度引退をしているので、まるまる2年くらいは何もやっていない時期があったりするんですよ。でも俺は何周年とか記念日とかってまるで興味がないからね。だって俺の誕生日を祝った記憶とかなくないですか？

――誕生日を祝ったことはないかもね。

坂井　フェイスブックも誕生日の記述はいっさい表示しないようにしていますので。

――そういえば、マッスル坂井の誕生日が何月なのかもわからない。

坂井　でしょ？　俺、誕生日をけっこうぼやかすタイプなんですよ（笑）。

――なんで？（笑）。

坂井　ひっそりと祝いたいタイプなので。だから何周年とかアニバーサリーにもあまり興味がないんです。いやいや、そんな話

構成：井上崇宏

はどうだっていいんですよっ！

――いま話が脱線してたんだ!?　本題が何かわかんないから脱線してることに気づかなかった（笑）。

坂井　いよいよそんなオープニングトークを俺が始めたら、どうぞ見限ってください。

――わかりました。

坂井　そうじゃなくて、6月6日に『サイバーファイトフェス』っていうDDTやノア、東京女子プロレスが一堂に会するみたいなイベントをさいたまスーパーアリーナでやるじゃないですか？　実際にこの号が出る頃にはまだ世の中の状況がわからないから、どうなってるのかわからないんだけど、現状ではやる予定なんですよ。だからその6月6日に向けて、私と男色ディーノがノアの杉浦軍に宣戦布告したんですね。

――はい、知っていますよ。

坂井　向こうは杉浦貴さん、桜庭和志さん、藤田和之さん、アメリカに行った鈴木秀樹さん、NOSAWA論外さん、ケンドー・カシンさんとかっていう、ある意味ではノアの中枢ですよね。

――そしてプロレス界きっての武闘派ですよ。

坂井　そんな武闘派にいちおう宣戦布告したわけですよ。だけど俺、ここからどう盛り上げていけばいいのかがわかんないんですよ。噛みつき方がわからないんです（笑）。

――えっ、どういうこと？

坂井　いやだって、俺の算段ではこの宣戦布告は無視されるはずだったんですよ。

――杉浦軍から無視される？

坂井　正しいリアクションとしては、まったく無視されると思ってた。だけどカシンさんなんかが東スポのツイッターアカウントとかを駆使して「よし、オッケーだ！」みたいな感じになっていて、そこは俺の中ではちょっと誤算だったというか……（笑）。

――えっ、どういうこと？（笑）。

坂井　なんて言うんですかね、極論を言うと今回の興行って人が多いから、ド所属の人間しか出ないと思っていたんですよね。カシンさんとか藤田さんはフリーなんですよ。そしてノア所属である杉浦さんにしても反応してこないんじゃないかなと思っていたんですね。特にカシンさんなんかは「それは俺、関係ないから」っていうビジネスライクな感じだろうと思ってたら、けっこう嬉々として反応してきていて……（笑）。

――宣戦布告を受諾されたことに戸惑いを隠せないと（笑）。

坂井　戸惑いを隠せないから、こちらも1日1回と決めて、あまりラリーにならないように心がけていまして。

――1日1引用リツイートね（笑）。

坂井　俺はペールワンズっ子だから、東スポとか週プロとは正直お互いにそんなに必要としていない感じというか、私の主要媒体は『KAMINOGE』だから。それでちょっと難しいのが、私もそういうふうに自分たちで発言したものに対して引用リツイートをしているわけじゃないですか。そうしたら、じつは同じ日に杉浦さんがDDTのアカウントから引用リツイートしていたんですよ。それに俺は気づいてなくて、もう2日経っちゃってるんですね。ちょっとそれを読み上げてもいいですか？

――はい、お願いします。

坂井　5月9日ですよ。私とディーノさんがコメントしていることに対して「誰だコイツら。サクとのGHCナショナルの防衛戦があるから忙しいわ！　こんなコメディアン相手したらNOAHとして杉浦軍として恥ずかしい。やったら武田の首が飛ぶぞ！　おたくの団体の社長の首も飛ぶぞ！」と。

――ほうほう。

坂井　ちなみに社長はDDTもノアも一緒だと思うんですよね。

――まあね、たしかに（笑）。

坂井　これを見てね、正直、「相手にされた」っていううれしさがあるわけですよ。でも「こんなコメディアン相手したら」っていうのは、自分もいろんな芸人の人たちやお笑い好きの人たちと相互フォローしちゃってるから、この部分に対しては反応しづらいというか。

――普段のプロレスに対する揶揄の逆パターンですね。

坂井　そうそう。プロレスを卑下されたときのあの感じ。胸が苦しいんですよ、これ。

「こんなに下に見てくれてるのにディフェンダーで乗りつけるのはちょっとまずいかなと」

――それでさらに沈黙を貫いているんだ。

坂井　沈黙を貫いていて、ちょっと苦しいんですよ（笑）。あとはやっぱり「よくも悪くもアップデートされてないなー」って思っちゃうんですよね。

――「こんなコメディアン」？

坂井　それがプロレス会場や雑誌という閉じられた世界でならいいけど、我々のまわりはもうプロレスファンだけじゃないじゃないですか。しかもいろんな人が見るSNSという場ですから。だからこれ、杉浦さんをもってしても37リツイートしかされてないんですよ。

――胸を痛めつつ沈黙しているわけですね。

坂井　それと凄く難しいのが、プロレス界的には圧倒的に杉浦さんのほうが地位も知名度も上じゃないですか。だけどフォロワー数は俺やディーノのほうが多いんですよ。「誰だコイツら」って言われてるのに。

――アハハハハ。煽るねー（笑）。

坂井　いやいや。俺、こういうプロレスっぽい土俵に上げられちゃったことがあまりないんですよ。メジャーに噛みつくみたいなのもないし、何がメジャーなのかもわからないし。正直、杉浦さんに対して、プロレスラーとしての格、番付、実力、体力、強さとかに関しては1ミリもっていうか、いっさい勝負できるとは思っていないですよ。ただ、心臓を悪くされて手術されていることに関してはシンパシーを感じてるけど。でも「コメディアン相手に」っていうのは、お笑いに命をかけている人に失礼じゃないですか？　なんならこっちは松竹芸能だし。だから悪口になってないんですよ。

――いやいや、こっちはコメディアンもやってるからと。

坂井　なんか50歳の人と40歳の人でやるケンカじゃないなとは思いつつも。むずいですよ。カシンさんなんかはもう「後楽園ホールに来い！」みたいな感じで言うわけですよ。

――いつの後楽園に？

坂井　明日（5月15日）のノア。でもディーノはリアルにDDTのスケジュールが入ってたりとか、俺とかも急に言われてもスケジュールが空けられなくて。しかもカシンさんは明日のカードには入っていないわけですよ。

――行ってもいない（笑）。

坂井　だから後楽園に行っても頼る人もいないし。この緊急事態宣言中で不要不急の往来は避けたいときに行き来するのもなっていうのも本当にあったりして。緊急事態宣言下でのこういうやりとりって超難しいですね。いまって本当に「またぐなよ！」

の時代じゃないですか。汗のついたトレーニングシャツを投げつけるとかしちゃダメじゃないですか。チケットを買わずに会場に勝手に入っちゃうとかそういうのもダメでしょ。

——あっ、明日の後楽園の話か。

坂井　まあ、駐車券とかは同じ会社だから頼めばギリ手に入るじゃないですか。できるだけこっちも新幹線とかの交通機関はね、ビッグマッチが近づいてるからできるだけ利用せずに自家用車で行こうとは思っているんですよ。だけど、せっかくこんなに下に見てくれてるのにディフェンダーで乗りつけるのはちょっとまずいかなって思っていて。まごうことなきカー・オブ・ザ・イヤーですから（笑）。

——なんか弱者を演じる金持ちユーチューバーみたいだな（笑）。

坂井　自分をどういうふうに持ってったらいいんですか？　こういうのってヒップホップの世界だとボースティングって言うんでしたっけ。「自分は強いぜ！」みたいな。これまでそういうのをあまりされたことがないからめっちゃ困ってるんですよ。ぶっちゃけて言うと、DDTよりもノアのほうが選手ファーストで、広報とかの人にあまり現場の話が下りてこないんですって。

——ああ、メジャーっぽいな。

坂井　だから発表とかされないと広報の人たちも自分の団体の先々がわからないっていう。そうすると何事も決定して発表されるまでパンフレットとかも発注ができないらしいんですよ。だからDDTの今林さんとかはそのへんのやりとりでめっちゃ困ってて（笑）。仕事の進め方が全然違うから、いろいろと気をつかわせてるのもわかるし、こっちはただ言われてることをやっているだけなんですけど、全部が全部あまりにも何も言われないわけですよ（笑）。

——でも、両団体は同じ社屋なんですよね（笑）。

坂井　そうですよ。でも道場は違うし、DDTの若手たちの間でもっぱらの話題が、ノアの選手たちって巡業とかでもいっさい選手たちはリングを作らないんですって。DDTの若手の選手たちはリングを作るんですよ。だから「さいたまスーパーアリーナではどうなるんだ？」とか。

——さいたまは誰がリングを組むのか問題（笑）。

坂井　そう。DDTの若手は、ビッグマッチでもリング作りとか椅子並べから始まってるんで。だから自分も合併による摩擦というか、そういうものに触れられて凄くうれしいです（笑）。

——フレッシュな気持ち（笑）。

坂井　超絶フレッシュ。マジで「誰だコイツら」みたいなことって言われたことないから。

——それ、ひょっとしてノロケ？（笑）。

坂井　俺、ノロケてるんですかね？　ただただうれしいんですかね？

——うれしそうだもん。ノロケだよ。

坂井　じゃあ、俺はうれしいんですね（笑）。

——すっかりノロケにあてられちゃったよ、俺は。

坂井　あー。ひさしくこんな気持ちになっていなかったかもしれないです。明日の後楽園、行くべきなのかなー。

※5・15ノア後楽園ホール大会開始前、スーパー・ササダンゴ・マシンは差し入れの「新潟の5大ラーメンセット」を持参して会場を訪れた。そして杉浦軍との交渉を申し込んだが、受付でノア広報から「チケットはお持ちじゃないですか？」と確認され、門前払いをされてしまったのだった——。

KAMINOGE №114

次号 KAMINOGE115 は 2021 年 7 月 5 日（月）発売予定！

取材に同行した井上は１円たりとも貸す気にならず、
そしてなぜか疎外感を味わうハメに……。

2021 年 6 月 16 日
初版第 1 刷発行

発行人
後尾和男

制作
玄文社

編集
有限会社ペールワンズ
（『KAMINOGE』編集部）
〒 154-0003
東京都世田谷区上馬 1-33-3
KAMIUMA PLACE 106

WRITE AND WRITE
井上崇宏
堀江ガンツ

編集協力
佐藤篤
村上陽子

デザイン
高梨仁史

表紙デザイン
井口弘史

カメラマン
タイコウクニヨシ
当山礼子

編者
KAMINOGE 編集部

発行所
玄文社
［本社］
〒 107-0052
東京都港区高輪 4-8-11-306
［事業所］
東京都新宿区水道町 2-15
新灯ビル
TEL:03-5206-4010
FAX:03-5206-4011

印刷・製本
新灯印刷株式会社

本文用紙：
OK アドニスラフ　W A/T 46.5kg